中华圣贤传奇 系列

忠义神勇 关羽

姜正成◎主编

中国财富出版社

图书在版编目（CIP）数据

忠义神勇——关羽 / 姜正成主编. —北京：中国财富出版社，2016.3

（中华圣贤传奇系列）

ISBN 978-7-5047-5962-7

Ⅰ.①忠⋯　Ⅱ.①姜⋯　Ⅲ.①关羽（160～219）-生平事迹　Ⅳ.①K825.2

中国版本图书馆 CIP 数据核字（2015）第290241号

策划编辑	刘　晗	责任编辑	白　昕　杨　曦		
责任印制	方朋远	责任校对	梁　凡	责任发行	邢小波

出版发行	中国财富出版社		
社　　址	北京市丰台区南四环西路188号5区20楼	邮政编码	100070
电　　话	010-52227568（发行部）	010-52227588转307（总编室）	
	010-68589540（读者服务部）	010-52227588转305（质检部）	
网　　址	http://www.cfpress.com.cn		
经　　销	新华书店		
印　　刷	北京晨旭印刷厂		
书　　号	ISBN 978-7-5047-5962-7 / K·0194		
开　　本	710mm×1000mm　1/16	版　次	2016年3月第1版
印　　张	14.75	印　次	2016年3月第1次印刷
字　　数	176千字	定　价	38.00元

前　言

　　关羽，字云长，河东解良（今山西运城）人，东汉末年名将，与刘备、张飞桃园结义。曾任蜀汉政权前将军，爵至汉寿亭侯，谥曰"壮缪侯"。在《三国演义》中被描述为蜀汉五虎上将之首。死后受民间推崇，一直是民间祭祀的对象，被尊称为"关公"；又经历代朝廷褒封，被奉为"关圣帝君"，崇为"武圣"，与"文圣"孔子齐名。在《三国演义》中，有"温酒斩华雄""千里走单骑""义释曹操""单刀赴会""水淹七军"等佳话，亦有"大意失荆州""败走麦城"等憾事。

　　关羽的忠义形象深受人民群众喜爱和尊敬，并受到封建统治阶级尊崇，把他视为忠、义、勇的化身，甚至将他神化。

　　历史上的关羽并不是一个完人。《三国志》作者陈寿评曰："关羽、张飞皆称万人之敌，为世虎臣。羽报效曹公，飞义释严颜，并有国士之风。然羽刚而自矜，飞暴而无恩，以短取败，理数之常也。"吕蒙论道："斯人长而好学，读《左传》略皆上口，梗亮有雄气，然性颇自负，好凌人。"经过了戏剧的美化后，他在老百姓心中就是一个完美的英雄形象，尤其是《三国志平话》和《三国志通俗演义》，使关羽成为一个独一无二的英雄，让人们一想到关羽，就是一个英勇、忠义的形象，这也是一种文化的表征。可以说，是文学艺术的创作让关羽这个形象得到美化与升华，也让关羽成为众多偶像中的佼佼者。

关羽的形象发展很快，儒、道、释三教几乎在同一时间关注这个形象，让他渐渐变成一个神灵。有着群众的认同，皇帝的喜爱，还有多种宗教的塑造，他在短时间内就成为一个影响深远、广泛流传的神灵形象。关羽神灵形象的意义是深远的，他让中国的老百姓心中有了一个可以寄托情感的偶像。

关羽走上神坛是历史的必然选择。他的出现，给农耕社会带来了强大的精神支柱，而且他的内涵也紧紧地贴着时代的潮流。他的信仰是通过中国这块土地孕育起来的，他不是荒诞的神灵，他是一个历史人物，从人走到神灵，所以他的生活是与百姓一样的，群众基础十分雄厚。尽管关羽没有孔子那般严密的思想体系，也没有博大的知识让世人永远尊敬与怀念，但他却是最符合民众心理需求的。哪里有中国人，哪里就有关羽崇拜。在朝鲜、日本、东南亚、美国，都有虔诚的供奉者。

忠义思想是中国文化传统中非常重要的一组观念，是数千年来人们立身行事的根本。所谓忠，是指对别人尽心竭力，《论语》有言："为人谋而不忠乎？"意思是，为人做事，尽心尽力了吗？朱熹解释道："尽己为忠。"义，《中庸》讲："义者，宜也。"《朱熹集注》讲："义者，心之制，事之宜也。"就是说，做事遵循内心的道德约束，去做应该做的，就是义。孔子将"义"作为个人取舍的标准，提倡"见得思义""义然后取""不义而富且贵，于我如浮云"，这一观念深为后世儒家赞赏，继而被发扬光大。

五四运动以来，我们一度认为忠义思想是封建糟粕，几欲弃之如敝屣。然而现在随着传统文化的复兴，人们重新认识到它的价值。人们

忠义神勇 关羽

发现，如果抛弃了"仁、义、礼、智、信"，中国人也就失去了精神家园，成为没有方向感、进退失据的民族。那时候，即使我们创造的财富再多，又有什么意义呢？

前言

目　录

第一章　桃园结义

张飞让家人在桃园中备好祭品，然后刘、关、张三人一起点香叩拜天地，并对天起誓。从此，三人结为兄弟，齐心协力报效国家，拯救黎民百姓。随后，他们按年龄排行，刘备为兄长，关羽排行第二，张飞为小弟。随后，刘、关、张三人分头行动，到各处招募义兵，几天后，五百多人慕名而来。

第二章 千里走单骑

这时，刘备在河北的消息也传到曹操的耳中，于是，他让张辽去探探关羽的心思。张辽一见到关羽就特意恭喜他得到了刘备的消息。关羽却说，虽然他得到了消息，但还没有见到刘备，实在没什么值得恭喜的。在关羽的眼里，刘备既是朋友，又是兄弟，更是君臣。

第三章 新野鏖兵

诸葛亮先命关羽带一千人到白河上游埋伏，各人带布袋，装沙土，挡住白河的水，等到第二天三更以后，只要听到下游人喊马嘶，便放水来淹曹军，并带兵顺水杀奔下来。其次，又命张飞，"带一千人到渡口埋伏，等曹军被淹以后，可以乘机杀来。"

第四章　吴蜀分合

　　使者走后，关平就说，鲁肃绝对是心怀鬼胎，疑惑关羽为何答应，关羽笑说心中早已有数，并断定是为了讨要荆州之事，要是他不赴约，东吴就会说他是胆小鬼。他决定次日自驾轻舟，随身携带一柄大刀，让十来名将士跟着，谅鲁肃奈何不了他。

目　录

第五章　将星陨落

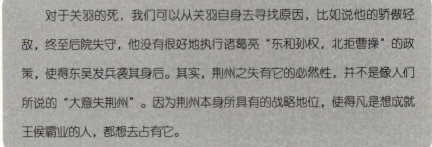

对于关羽的死，我们可以从关羽自身去寻找原因，比如说他的骄傲轻敌，终至后院失守，他没有很好地执行诸葛亮"东和孙权，北拒曹操"的政策，使得东吴发兵袭其身后。其实，荆州之失有它的必然性，并不是像人们所说的"大意失荆州"。因为荆州本身所具有的战略地位，使得凡是想成就王侯霸业的人，都想去占有它。

第六章　关羽的人格形象

关羽并不是一个完人，他是被历史逐渐神化，并通过《三国志平话》等话本小说完成人格塑造的。关羽的形象是人民群众意志和社会需要的反映。画圣吴道子曾画关公像，明李宗周题额为：乾坤正气，日月精忠，满腔义勇，万代英雄。这可以说是对关羽人格的理想概括。

第七章　走上神坛

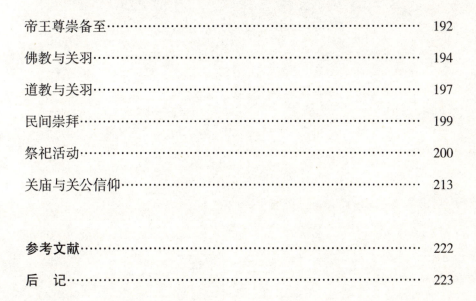

　　关庙的蓬勃发展，其实是崇拜关羽的直接产物，它见证了关羽由人变为神的过程。关庙是信仰关羽的人们活动的中心和舞台，如果把一座庙宇看作一个圆的中心点，宗教在其中以巨大的引力将四周的群众吸引过来，这样一座座的庙宇相连接，便形成一个庞大的崇拜网络。

目　录

第一章

桃园结义

　　张飞让家人在桃园中备好祭品，然后刘、关、张三人一起点香叩拜天地，并对天起誓。从此，三人结为兄弟，齐心协力报效国家，拯救黎民百姓。随后，他们按年龄排行，刘备为兄长，关羽排行第二，张飞为小弟。随后，刘、关、张三人分头行动，到各处招募义兵，几天后，五百多人慕名而来。

生逢乱世

东汉末年，汉室衰微，宦官专权，政治腐败，社会动荡不安。这是一个动乱的时代，也是一个英雄辈出的时代。

汉高祖的九世孙刘秀所建立的东汉王朝是一个由豪强地主统治的王朝，与他的祖宗刘邦所建立的西汉王朝相比，"布衣之士"当官可谓凤毛麟角，大地主不仅拥有大量财产，而且身居高位，发号施令，如贵族地主济南王刘康，有田八百顷，奴婢多达一千四百余人。贫富差距不断扩大，普通百姓不断沦为佃农、雇农，社会地位不断下降，甚至为奴为婢，社会矛盾日趋激烈。

外戚与宦官一直争权夺利，斗争愈演愈烈。外戚是皇帝的母族、妻族，从不安分守己，总是通过太后、皇后的裙带关系去获取官位，控制朝政。特别是幼年皇帝登基之后，太后、皇后往往要利用自己的父兄来处理政事，让这些人担任高官，把持军政大权。如果皇帝长大以后同专权的外戚政见不一，那么他就会依靠宦官同外戚进行斗争，这样宦官又开始专权。如此不断轮回，就出现了外戚与宦官的明争暗斗。

外戚与宦官斗争非常激烈，以汉桓帝和汉灵帝时期尤为突出。上层腐败，各级官吏贪赃枉法，全不顾及百姓的生死存亡。不仅如此，在人祸未息的同时，天灾频频来袭，真的是民不聊生。

　　天灾人祸搞得全国出现了"地广而不得耕，民众而无所食"的凄凉景象，以至发生"人相食"的惨剧。就在曹操出生的那年（公元155年）二月，司隶（今河南洛阳附近）、冀州（今河北中部）发生饥荒，人们互相残杀吞食。著名诗人王粲在公元192年从长安去荆州的途中，目睹战争动乱的社会惨象，在《七哀诗》中写道："出门无所见，白骨散平原。路有饥妇人，抱子弃草间。"这正是东汉末年社会动荡、民不聊生的真实写照。

　　随着社会危机的加深，阶级矛盾的激化，东汉末年农民的反抗斗争也层出不穷，一浪高过一浪。桓、灵时期各地爆发大规模农民起义，他们自称"皇帝""黑帝""太上皇帝"等。当时民间流传着这样一首民谣：

发如韭，

剪复生。

头如鸡，

割复鸣。

吏不必可畏，

小民从来不可轻。

忠义神勇

关羽

关羽就出生在这样一个时代。那时候，一对老实的关姓夫妇住在河东解良，他们靠耕种谋生。两人一直遗憾没有孩子，就常常到附近的寺庙去拜佛求子。几年后，夫妇二人终于得到了一个儿子，他们喜极而泣，感慨这个孩子来得实在不易，于是给他取名为关羽。

关姓夫妇都是目不识丁的农民，但还是拼命干活省吃俭用让关羽去私塾读书。《春秋》一直是关羽最喜爱的书，他深受忠义的英雄气概影响，从小就心存忠义正气，正直坦荡。父母认为他的性格会受人欺负，于是让他向乡中有名的武师拜师学武。关羽刻苦练习，加之天生聪慧，很快他学得一手好刀法，武艺精湛。关羽在父母的养育和教导下很快长大成人，高大威猛且仪表堂堂，面如红枣，髯长二尺，唇如涂脂，丹凤眼，卧蚕眉，看起来着实威风，他十分喜爱广交天下英豪。

有一天，关羽推着枣子去镇上卖，恰逢一对可怜的父女被一伙人追打，老头被逼着交出女儿。此时关羽大吼一声，立刻冲上前去一把将一个打手狠狠摔倒在地，怒吼："住手！"旁边几个人被关羽高大威猛的外表震慑到了，但是他们仗着人多齐拥而上，准备围攻关羽，而关羽天生神力，武艺精湛，几招就把那伙人打得屁滚尿流。这对父女对关羽救命之恩感激不尽。原来打人的是解良一大恶霸吕雄家的侍卫，他因有钱有势，称霸一方。吕雄前些日子看到老汉的女儿长相美丽，想霸占为妾，就故意以挑选奴婢的名义与老汉立契约。老汉的女儿宁死不从，从吕府逃出，欲和父亲远逃，但是却被吕雄的家奴追上，并威胁老汉交出女儿。关羽听后怒火中烧，带着父女俩去找吕雄说理。而那个吕雄因自己的家奴被打，还没等关羽上门，他就先行前来报仇。

吕雄一见到关羽就大骂关羽坏了自己的好事。而关羽从容不迫，称自己是在打抱不平，乃是大丈夫所为，同时大骂吕雄是一方恶霸。关羽大喊一声"今天我就要为民除害"，说罢就起身扑向吕雄。吕雄手下立马上前阻挡，没几下全被关羽打得四处逃窜。这下吕雄深知自己不敌关羽，急忙逃走。可刚扭头就被关羽一下扯了回来，一拳打到鼻梁上，鼻血飞溅。关羽又狠狠一脚将吕雄踢倒在地，紧接着又是对其一阵拳打脚踢，吕雄被打得七孔流血而死。

关羽让那父女俩先走，父女俩跪谢关羽后急忙离去。关羽也即刻赶到家中将此事告知父母。父母听后大惊，急忙要关羽去山中躲避。但是关羽认为好男儿志在四方，并且正当这群雄逐鹿之时，更加应该走出去闯荡。于是关羽对他的父母说："我还是远走他乡的好，请恕孩儿不孝。"关羽态度坚决，父母也没有阻拦，而是给他收拾行囊，不舍地将其送出城。关羽离开解良，告别父母，开始流浪漂泊，最后在幽州涿县（今河北涿州市）安顿了下来，靠给别人务农为生，他把自己的表字改为云长，好躲避他人耳目。

桃园三结义

当时，汉灵帝不顾朝政，宦官专权，朝政日益衰败，天下人心大乱，作奸犯科比比皆是。张角、张宝、张梁三兄当时以黄巾为号揭竿起义，反抗残暴的统治。大将军何进奉命即刻起兵镇压。何进派中郎将卢植、皇甫嵩、朱俊三人领精兵，兵分三路讨伐黄巾军，同时各处加强防备。这边张角率军气势浩荡来攻打幽州。幽州的太守刘焉见手下的兵士太少，不足以抵挡敌军，于是发榜招义兵。

关羽在进城买东西途中见到了招义兵榜文。得知是朝廷要招兵讨伐反贼，关羽深知百姓在乱世之中的水深火热之苦，很想参加义兵，解救百姓。因此他收拾些衣物，告别乡邻，去投奔刘焉。中午时分，关羽很是口渴，于是到路边的酒馆喝酒休息，忽然间邻桌传来两个人谈义兵的声音。关羽随即便扭头想听个究竟，这两个人可不一般，一人高大威猛，两耳垂肩，双臂过膝，长相非凡，另一人虎背熊腰，燕颔虎须，声如巨雷，气势如虹。关羽见他们气宇不凡，又与自己志同道合，就邀他们来到自己桌上。关羽自报家门，那两人也开始先后介绍自己，那其中一人介绍自己是中山靖王刘胜后代，是汉室宗亲，叫刘备，字玄德。由于黄巾军暴乱，所以他才想参加义军，报效国家。而另一个燕颔虎须的人名叫张飞，字翼德。他居于涿县，靠卖酒杀猪为生，很是喜好结交豪杰。他刚和玄德兄交谈后，发现两个人志同道合。正好，现在又遇到了关羽。张飞随即请刘备和关羽到自己家中做客，刘备和关羽便齐声答应了。张飞带着刘备、关羽来到自己庄上，他叫家人备好酒菜，三人在酒桌上一起商讨起兵抗敌的计划。不料三人不谋而合，相见恨晚。张飞见家中后面的桃园已桃花盛开，于是心生一念："不如我们明日结拜为异姓兄弟怎么样？"刘备、关羽也正有此意，于是二人毫不犹豫地答应了。

次日，张飞让家人在桃园中备好祭品，然后刘、关、张三人一起点香叩拜天地，并对天起誓结为兄弟，齐心协力报效国家，拯救黎民百姓。随后，他们按年龄排行，刘备为兄长，关羽排行第二，张飞为小弟。张飞让家人准备好酒好菜来庆祝。随后，刘、关、张三人分头行动，到各处去宣传招募义兵的事，几天后，五百多人慕名而来。这让三兄弟很是高兴，于是在桃园设下酒宴，招待各位能人义士。

眼见这才几天就有大批义士为国家大事赶来，关羽很是兴奋，可是却为兵器和马匹的事犯了愁。他久久想不出对策，于是前去找刘备和张飞商量。张飞提议各自捐家产，但是刘备觉得他们并不富裕，最好应该找一些富人来帮忙。刘备一下点醒了关羽，关羽突然想到了自己的一个好朋友，此人叫张世平，出身经商世家，家财万贯，并且性格豪爽仗义。刘备知道后，立刻让关羽写信向张世平求助。正当几个人在商量的时候，家仆前来告知外面有两个客人带了一大群马匹来拜访。这下可乐坏了三兄弟。

刚出门，关羽一眼就认出来那个来客就是自己的老朋友——中山巨富张世平，关羽很是吃惊。原来张世平每年都会和生意伙伴苏双到北方去贩卖马匹，可今年被山贼抢去了一些马匹和银两。又得知北方有暴乱，于是迫不得已回来了，途经此地，听说关羽在此招兵，就过来拜访了。大家相互叙礼一番后，关羽就将自己招兵讨贼的事情详细告知张世平和苏双，并说，目前参兵的人很多，但是没有兵器和马匹。张世平和苏双听后竟毫不犹豫地表示要将五十匹良马、五百两金银和一千斤镔铁捐送给义士们作为讨贼装备。刘、关、张三兄弟大为惊喜。

三兄弟得到张世平和苏双的捐助后，随即找技艺高超的铁匠打造兵器盔甲。关羽的兵器是青龙偃月刀，又叫"冷艳锯"，这把大刀重达八十二斤，光亮无比，削铁如泥。刘备的兵器是双股剑，张飞的是丈八点钢矛。全部都准备好后，三兄弟就带着五百多名义兵面见太守刘焉。刘、关、张三兄弟威风八面，气势浩荡让刘焉很是欢喜。刘备向刘焉说起自己的家族渊源，刘焉更是高兴，于是认刘备为侄儿。

几天后，传来情报，一个名为程远志的黄巾军将领率五万精兵正向涿郡攻来。刘焉想一探刘、关、张三人本领，便派令三人率领五百精兵去抵抗敌军。刘、关、张十分兴奋地接受了命令，并即刻率兵前去迎敌。三兄弟在大兴山下遇到来犯敌军，两军随即摆阵相对。刘备骑马向前，扬鞭大骂黄巾军是叛徒，并威胁他们赶快投降。程远志顿时大怒，派其副将邓茂出战。张飞正打算上前较量，关羽一马当先，抢在了张飞前面出击。关羽的阵势一下子让邓茂心生胆怯，邓茂还没来得及反应就被关羽砍下头颅。程远志见邓茂被一刀砍下马，心里一惊，大喝一声向关羽奔去。关羽见对方持刀飞奔砍向自己，先稳住不动，等到对方离自己仅有几尺远处时，迅速挥刀。程远志还没停下来就已被关羽劈成两截了。两名主将接连被斩，敌军大乱，纷纷弃甲逃窜。刘备趁机领兵追杀，杀敌无数，大获全胜。

刘焉亲自出城迎接得胜之军，对官兵们都加以赏赐。从这以后，刘、关、张三兄弟一起率领弟兄们四处征战，协助青州太守龚景、中郎将卢植、幽州牧刘虞、北平太守公孙瓒等人一起斩杀叛乱贼匪，为讨伐黄巾军立下战马功劳。刘虞、公孙瓒等人纷纷上奏皇帝，表明刘备功不可没，皇帝也因此奖赏刘备，封其为别部司马、平原县令。三兄弟到平原后，越发像亲兄弟一般，他们一起吃饭，同床睡觉。关羽和张飞一直尽忠职守，守候在刘备身旁。刘备三人在平原（今山东德州市）治理县政，爱民如子，百姓们深明恩德，对刘、关、张三兄弟称以恩公。

群雄讨董卓

当时朝中奸臣当道，朝政腐败，日益衰败。汉灵帝病亡后，董太后和何皇后争抢立太子，朝中张让、段珪等十常侍（宦官）致使朝纲大乱。大将军何进因手握兵权，于是发檄文召集各路英雄豪杰除灭宦官，但是却引狼入室，乘此良机，前将军、鳌乡侯、西凉刺史董卓带着自己的女婿谋士李儒、部将李傕、郭汜、张济、樊稠等人领重兵进京，夺取兵权，掌管朝政。随即董卓废了少帝，立陈留王刘协为帝，这就是汉献帝。而刘协只是个小孩子，董卓因此更加放肆，他住在皇宫之中，致使后宫混乱不堪。面对董卓如此专权，当时的骑都尉曹操很是不满，他回到乡里，假借天子诏书，招兵讨伐董卓。

　　曹操发诏后没几天，曹仁、曹洪兄弟，夏侯惇、夏侯渊兄弟，还有乐进、李典、于禁等各路豪杰前来投靠曹操，曹操这里可谓是高手云集。后又有徐晃、许褚两位猛将赶来，这下曹操阵营更加强大。渤海太守袁绍收到曹操的假诏书后，火速带领文武将领三万多人前来与曹操会盟。为了得到更多诸侯响应，曹操又向各郡发了大量讨贼檄文。各路诸侯纷纷响应：一镇，后将军南阳（今河南南阳）太守袁术。二镇，冀州（今河北衡水）刺史韩馥。三镇，豫州（治所在今河南安城）刺史孔迪。四镇，兖州（今山东济宁）刺史刘岱。五镇，河内郡（今河南焦作）太守王匡。六镇，陈留（今河南开封市陈留镇）太守张邈。七镇，东郡（今河南东北部和山东西部）太守乔瑁。八镇，山阳（今陕西商洛市）太守袁遗。九镇，济北相鲍信。十镇，北海（治所在今山东潍坊市）太守孔融。十一镇，广陵（今山东寿光市）太守张超。十二镇，徐州刺史陶谦。十三镇，西凉（今甘肃武威市）太守马腾。十四镇，北平（今北京市）太守公孙瓒。十五镇，上党（今山西东南部）太守张杨。

十六镇，乌程侯长沙太守孙坚。各路诸侯皆携文武将官，领兵数万，赶往洛阳。

关羽得知消息后，随即对刘备、张飞提出了加入讨伐董卓大军的意见。刘备和张飞齐声称好，三人意见一致。刘备又得知北平太守公孙瓒也在起兵响应曹操，因此刘、关、张三人就打算在平原等待公孙瓒途经此地。没过几天，三兄弟就等到了统领着一万五千名精兵赶来的公孙瓒。公孙瓒看到关羽和张飞，感觉二人器宇不凡，忙叫刘备引见。于是刘备逐一介绍了自己的二位弟弟，并说明他们三人是结拜兄弟。公孙瓒又忙问他们是否也是一起抗击黄巾军的英雄。此时刘备骄傲地回答道："此次打败黄巾军，他们二人功不可没啊。"公孙瓒随后询问了关、张的职位。刘备便介绍了他们二人目前分别任马弓手、步弓手之职。公孙瓒一听后长叹英雄被埋没之苦，并劝刘备加入讨伐董贼的行列。刘备一听，连忙道明了自己正有此意。随即，刘备即刻吩咐下人将好酒好菜献上来给公孙瓒享用，然后又赶紧收拾了东西，将城中事务吩咐了下去，跟随公孙瓒的大军一起前来与曹操会盟。

几天后，各路诸侯均已会盟，大家各自安营扎寨，营寨数量巨大，足足二百多里。曹操很是高兴，命下人宰牛杀马，用上等酒菜招待大家，一起共商讨贼的战略。河内太守王匡提出要尽快选出一个盟主，来防止调遣军队混乱无序。于是曹操立马指出袁绍是盟主的最佳人选，此时袁绍以在座的老前辈们资历高深为由稍加推辞。而在座的各路诸侯纷纷议论说袁绍是不二人选，最终袁绍才肯同意当盟主。

次日，立盟主、起兵仪式正式举行。曹操命人搭建了一个三层的高台，并在其四周插满五方旗帜，然后再在高台上布置白旄黄钺、兵符将印，请袁绍登台举行仪式。袁绍整理衣冠，佩剑后，登上高台，燃香祭拜，然后开始宣读盟约，大家激昂亢奋，歃血为盟。接着，袁绍在众人的簇拥下进入帐篷入座上位，其他人均按爵位和年龄高低依次入座。袁绍随即说明了自己的职责所在，并且在此强调要遵守规约，不可违反，大家一致同意他的说法。后来袁绍命其弟袁术掌管粮草，负责各路军队的粮草供给。眼下急需一员先锋前往汜水关挑战，袁绍于是向各路诸侯征求意见。长沙太守孙坚立即自荐说自己愿为先锋，于是袁绍命他即刻出发。

董卓每日在宫中饮酒作乐，逍遥无比。其谋士李儒慌张前来报告孙坚进攻汜水关的情报，董卓这才大惊。董卓立即召集他的将士们前来商议计策。只见一人挺身而出，说要出兵迎敌。此人名叫吕布，字奉先，骁勇善战，原为荆州刺史丁原的义子，后来董卓用金银珠宝和一匹赤兔马将其收买。吕布就杀了丁原，投靠董卓，做了董卓的义子。董卓很是得意，封吕布为骑都尉、中郎将、都亭侯。当吕布得知有来兵犯时，就很想出兵抗之。但是吕布的副将华雄却认为自己就可抵挡得住，于是主动请缨。华雄身高九尺，虎背熊腰，豹头猿臂，威武霸气，董卓大喜，即刻就封他为骠骑校尉，并派他和谋士李肃，部将胡轸、赵岑等一起领兵五万，连夜去汜水关迎敌。

而袁绍这边却是出现状况，济北相鲍信因不想让孙坚抢了头功，故意暗中派他的弟弟鲍忠率三千兵马抄小路赶到关下挑战。华雄只领五百人马就出关应战。不料鲍忠被华雄一刀斩落马下，很多将校兵士被俘虏。没过多久，孙坚带四员猛将也赶到关前。那四将都身怀绝技，可谓是虎将，分别是程普，字德谋；黄盖，字公覆；韩当，字义公；祖茂，字太荣。而孙坚此时身披银铠甲，头戴赤帻巾，手拿古锭刀，威风凛凛，他上前指着关上大骂。华雄怒火万丈，派副将胡轸带五千人马出关应战。程普挺矛勇猛而出，几下就将胡轸刺死马下。孙坚见敌方大将已死，于是乘机带兵冲锋攻城，可敌方万箭飞来，孙坚无奈带兵连忙退回梁东。孙坚撤退后，即刻派人去向袁绍汇报军情，同时派人去袁术那催促军粮。可是袁术被谗言蛊惑，他的谋士说孙坚与董卓均是狼子野心，于是故意不提供粮草。孙坚军由于粮草短缺而军心大乱。华雄得知孙坚一方乱了阵脚，于是就找来谋士李肃一起谋划夜间偷袭孙坚营寨，打他个措手不及。

深夜里，夜黑风高，华雄率领大军袭来。喊杀声四起，孙坚慌张迎敌，几个回合后，李肃领兵在后寨放火，致使孙坚军顿时混乱不堪，而祖茂拼命护着孙坚突出包围。华雄紧紧追来，孙坚回头开弓连射两箭，但是都没能射中华雄，再准备开弓的时候，只听"啪"的一声，弓被拉断了，孙坚只好丢下残弓落荒而逃。祖茂见孙坚头巾很是显眼，叫他取下。于是孙坚和祖茂换了头巾，分头逃跑。果然华雄只一个劲儿地追赶那个戴红头巾的人。祖茂眼看就要被追到，于是快速将红头巾系到一根断柱上，自己躲进树林。华雄追上前来一看，才知中计了，而祖茂刹那间从林中挥刀杀出，欲偷袭华雄，可不料被华雄转身一刀砍落马下。华雄领兵厮杀整整一晚，直到天亮才收兵回关去了。

温酒斩华雄

　　程普、韩当、黄盖很快找到了孙坚，他们收拾了兵马，然后派人向袁绍报告了情况。袁绍接到情报后很是震惊，连忙召集各路诸侯一起商议。结果大家都不吭声，只有刘、关、张三兄弟在不停地发出冷笑声。袁绍见状大怒，呵斥下面是何人放肆，公孙瓒急忙介绍。一旁的曹操一听是刘玄德，连忙起身施礼。刘备急忙回礼问好。公孙瓒紧接着又向大家列出刘备的诸多功劳以及介绍他的出身。袁绍听刘备是汉室宗亲，又急忙让其入座，刘备却是接连推辞。但袁绍一再邀请，刘备方才在末位上坐下，关羽和张飞站立在他身后。

　　就在此时，探子来报说华雄在门外叫战。袁绍立马问帐中有谁敢应战。袁术手下骁将俞涉上前请缨出战。袁绍很是高兴，立马命令俞涉领兵出战。可是他们交战还没到三个回合，华雄就将俞涉斩落马下。大家很是惊慌，于是太守韩馥又派上将潘风出去迎战，可是没多久也死于华雄刀下。这下营帐内各路诸侯更是大惊失色。袁绍拍椅叹息他的上将颜良、文丑不在。这话音刚落，一人站了出来，并扬言可取敌人首级。

在场的人都惊住了，纷纷将目光投向此人。只见此人身高九尺，仪表堂堂，面如红枣，髯长二尺，唇如涂脂，丹凤眼，卧蚕眉，威风八面。袁绍见他气宇不凡，连忙问他是谁，公孙瓒急忙向袁绍介绍了关羽。这时袁术得知关羽只是一个小小的马弓手，认为他是在嘲讽诸侯手下无人，便要斩了关羽。一旁的曹操连忙劝解，并提出先让关羽出战，稍后再论赏罚。袁绍怕华雄耻各路诸侯军中无将，很是犹豫，曹操又以关羽相貌不凡，华雄不能识破他是个马弓手为由进行劝解。

第一章　桃园结义

身边传来的都是蔑视和不屑，关羽很是气愤，当场立下誓言："我若战败，愿自取头颅谢罪。"于是袁绍让关羽立下军令状，然后迎战华雄。曹操命端来热酒，让关羽吃完酒再上马出战。但是关羽让其暂且留着，说自己回来再吃不迟。关羽走出营帐，提起大刀，飞身上马，直奔华雄。帐中传来阵阵鼓声，喊声如雷，惊天动地，帐内诸侯个个惊慌不已。正当袁绍想派人去打探战况时，鸾铃一响，关羽驾马已归，手提华雄首级来到阶下，此时那杯关羽未喝的酒还余温尚存。后来有诗称赞关羽说："威镇乾坤第一功，辕门画鼓响冬冬。云长停盏施英勇，酒尚温时斩华雄。"曹操大为惊讶，关羽非凡的身手让他无比高兴。这时，张飞窜出大喊要趁机杀进关中，活捉董卓奸贼。袁术见张飞如此放肆，便要将他赶出去。曹操又忙劝说袁术。袁术见曹操多次替刘备等人说情，很是生气，便要起身离去。曹操急忙以大事为重为由将其留下，并让公孙瓒带刘、关、张三人回到自己的营寨。袁术的傲慢自大让关羽和张飞很是不满，心中十分气愤。后来，曹操悄悄派人送来酒菜安慰刘、关、张三兄弟，于是他们心中的怒气才慢慢减退。

华雄被斩的消息传到关内，李肃惊魂未定中急忙写文书向董卓告急。于是董卓亲自领兵出战，兵分两路：先派李傕、郭汜率兵五万，守在汜水关，但是不能厮杀；而董卓自己和李儒、吕布、樊稠、张济等领十五万兵马牢守虎牢关。虎牢关离洛阳仅仅五十里路，军马一到关上，董卓就令吕布率三万兵马到关前扎营驻寨。董卓自己屯驻于关上。

袁绍这边有探子将董卓驻关的情况报告了一番，于是袁绍急忙召集诸侯共同商议。曹操看出了董卓想截断诸侯中路的阴谋，于是提出先派一半兵马去迎敌的计策。袁绍派王匡、乔瑁、鲍信、袁遗、孔融、张杨、陶谦、公孙瓒这八路诸侯率兵去虎牢关迎战。而曹操率领手下的兵马协助救应。八路诸侯纷纷起兵行动，最先到的是河内太守王匡。于是吕布领三千铁骑应战。王匡军马摆开阵势，王匡在门旗下遥望吕布。吕布头戴三叉束发紫金冠，身穿西川红锦百花袍，披着兽面吞头连环铠，腰间系勒甲玲珑狮蛮带，手持画戟，身携弓箭，骑着嘶风赤兔马，王匡不禁感叹吕布的威武。王匡问众将士何人敢迎战，只听得一人大喊一声随即挺枪飞马而出。此人便是河内名将方悦。

不下五个回合，吕布就将方悦刺落马下，随后一鼓作气，直奔王匡逼来，王匡吓得迅速躲到军中，大军混乱不堪。吕布就在王匡军中拼杀，无人能敌，无奈之下王匡大军四处奔散。正好当时乔瑁、袁遗两路军及时赶到，奋勇拼杀一阵后，吕布这才退了兵。经过激战，三路诸侯都损兵折将，纷纷将营寨退后三十里。不久，其他五路军马也纷纷赶到了，八路诸侯及时商议，大家无不承认吕布是一夫当关万夫难挡。正当大家一头雾水，不知如何应对之时，有人来报说吕布在外面挑战。八路诸侯一起上马出战，大军列出大阵准备应战。吕布领着军马勇猛向大阵冲来。上党太守张杨手下部将穆顷见状，立马挺枪飞出迎战，可是刚近身，就被吕布一招刺死。各路诸侯大惊失色。此时北海太守孔融的部将武安国出战，只见他手持铁锤直逼吕布。吕布上前来迎，十来个回合后，吕布猛地一戟将武安国的手腕斩断了，武安国忍痛丢下锤逃跑。大家见武安国败下来，急忙出兵营救，吕布于是也就退了兵。

　　众诸侯回到营寨共同商议对付吕布的计策。曹操见吕布勇猛无敌，要求立马召集十八路诸侯共商退敌计策。他觉得只要逮住了吕布，捉董卓就易如反掌。正当大家都在议论的时候，外面又传来吕布前来挑战的情报。营帐中一下子鸦雀无声，无人敢前去应战。而关羽依然记着自己当初斩华雄时，诸侯们那狂妄的姿态，于是故意不动声色。此时，只见公孙瓒主动上前请缨，要前去迎敌，八路诸侯紧随其后同时助战。吕布勒马立于阵前，辱骂众诸侯手下无人。只见公孙瓒大喝一声，挥槊飞马而出。吕布没用几回合就将公孙瓒打得弃槊而逃。吕布拍马追赶，赤兔马日行千里，疾如闪电。吕布近了公孙瓒的身，他手持画戟便猛地向公孙瓒的后心刺下去。眼看公孙瓒就要被刺中，这时有一将飞马而来营救，此人圆睁环眼，倒竖虎须，挺丈八蛇矛，他大喝一声，长矛直指吕布。于是吕布便放了公孙瓒，向张飞奔来。两个人激战五十多个回合后仍难分胜负。

三英战吕布

一旁的关羽见三弟占下风，立马挥起青龙偃月刀，大喝一声飞马而来夹攻吕布。战场上三人战马呈丁字状，他们大战三十多个回合，但是吕布仍未战败。这时刘备掣双股剑，驾黄鬃马袭来助战。刘、关、张三兄弟围战吕布，两阵官兵被他们的激战都惊住了。吕布有些招架不住，他朝刘备脸上虚刺一戟，刘备躲闪开来。吕布急忙荡开阵脚，拖着画戟，往阵中逃跑。刘、关、张三兄弟怎愿放他走，对他紧追不舍。八路大军见形势大转，便喊声大震，大军齐齐冲向吕布军中。吕布军马见状立马向关上撤退，刘、关、张三兄弟立马赶上前来。三英战吕布在三国时期是最为经典的大战之一。

刘、关、张三兄弟一直追到关下，可关上飞石倾泻，三人被迫撤回。刘、关、张三人功不可没，八路诸侯一起为他们贺功，同时派人向袁绍报捷。

吕布这次被打败后，董卓开始心怯，于是向李儒求计策。李儒当天在街上听到一首童谣，童谣中唱道："西头一个汉，东头一个汉。鹿走入长安，方可无斯难。"他分析此时军中大乱，再加上他对童谣的理解，于是他建议董卓引兵回洛阳，迁帝去长安。这下董卓很是高兴，他带兵连夜赶回洛阳，第二天派李傕、郭汜将洛阳城几百万百姓全都赶走，定都长安。董卓令军队将百姓房屋和宗庙宫府全都焚毁，致使洛阳城变成一片废墟。后来，各路诸侯纷纷进入洛阳，可是个个心怀叵测，明争暗斗，便各自领兵回自己的领地去了。公孙瓒封刘备为平原相，刘备开始自己守地养军，壮大军队。刘备带着关羽和张飞一起来到平原，兄弟三人治理县务十分卖力，在他们的努力下，平原这片土地越发富裕，而且兵强马壮。

　　当时，诸侯们经常为了一己私利而发动战争，无数百姓都处于水深火热的危难之中。一开始孙坚私藏传国玉玺而和袁绍结下仇怨，袁绍立刻给荆州刺史刘表发书，让其在路上截杀孙坚。然后是兖州太守刘岱和东郡太守乔瑁因借粮而引发的斗争，乔瑁拒不借粮给兖州太守刘岱，于是刘岱偷袭乔瑁营地，将乔瑁杀死。另外则是袁绍和公孙瓒因争冀州而大战于在磐河之上。后来孙坚在江东休养，他想到刘表对他的截杀之仇，很是咬牙切齿，于是起兵偷袭刘表，可是不料在砚山（今云南省东南部）死于乱箭之下。

　　在各路诸侯各自厮杀的时候，董卓却在朝廷中更加骄横放肆，目中无人。他自命为"尚父"，不管进出都是进行天子仪仗。只要是董氏宗族，全都被封为诸侯，不论长幼。董卓徭役二十五万民夫在长安（今陕西西安）城二百五十里外的地方修建了一座郿坞，在里面建宫室，在仓库里堆满粮食，粮食多得可以吃二十年。董卓肆意妄为，骄横专权，众大臣都对其很不满。其中司徒王允最为恼怒，于是设下妙计对付董卓，他借自己府中歌伎貂蝉的美色故意挑拨董卓和吕布，再用吕布除了董卓。吕布虑事详尽，他为避免他人暗算，便领着手下的兵马远逃。但朝廷并未稳定，形成了各诸侯靠手中兵权轮流把持朝政的混乱局面，后来曹操的军力越发强盛，他因此入朝辅政，与此同时，他将汉献帝移驾许都，便有了"挟天子以令诸侯"之说，曹操因而占得一分天下。

忠义神勇
关羽

刘、关、张三兄弟同样陷入了众多纷争之中。一开始他们出义兵前往北海解救孔融，然后去徐州解救陶谦。徐州太守陶谦被刘备的优秀品德和为人处事作风而感动，一心要将徐州让给刘备，刘备急忙推辞，但陶谦心意实在坚决，于是刘备只好接受陶谦的要求，当了徐州牧，同时他以徐州的旧臣孙乾、糜竺为辅，陈登、简雍为幕官。可是就在刘备还没稳住阵脚的时候，徐州却被吕布施计夺下。吕布穷追不舍，于是刘、关、张三兄弟只好逃往曹操处。这下把曹操乐坏了，第二天刘备就被他表荐为豫州牧。吕布的英勇无敌，曹操早已领教，但是眼下吕布占据了徐州，而徐州是兵家必争之地，于是曹操只好亲自起兵和刘、关、张三人一同前去征讨吕布。吕布见势大为震惊，于是他急忙兵分三路迎敌。一路令谋士陈宫、部将臧霸联合泰山匪寇孙观、吴敦、尹礼、昌豨等人前去攻取山东兖州诸郡；然后令部将高顺、张辽去应战刘、关、张三人；另外则令部将宋宪、魏续火速前去攻取汝、颍两地。而吕布自己统率中军救应于三路军之间。

高顺、张辽二人领兵迎战刘备大军，刘、关、张三人商量分三寨呈犄角之势来抵挡敌军。次日，高顺进攻张飞所领军寨，张辽则进攻关羽所领军寨。张辽仪表不俗，并非苟且小辈，于是关羽心生怜爱，他上前询问张辽姓名，张辽道出名号，并说自己是吕布帐下的一员将校。关羽听说过他的名声，于是试图对其劝降。关羽大骂吕布是贼子，张辽不服，他说吕布原本是大汉臣子，所以他们都是汉臣。此时关羽又将吕布协助董卓篡夺皇权，毁坏大汉社稷等罪行一一列出，于是张辽低下头，关羽看出此人并非大恶之人，便没有继续对他口出恶语，而是让他自己反思一下。而关羽随即命令军队退回寨中，而张辽并没有追赶上来。

另一边，高顺带兵攻打张飞。两方大军相峙，张飞大喝一声，挺矛飞马而起。而高顺也立马挺枪应战。两个人激战了四五十个回合，后来高顺体力不支，败了下来。高顺扭头逃跑，而张飞紧追不舍。高顺的副将曹性立马冲上前来助战，却被张飞一下刺落马下。此时高顺领兵杀个回马枪，张飞大军被包围。而这时吕布将前来助战的刘备大军阻拦在半路上，刘备大军惨败撤回。

吕布打了胜仗后回到徐州，可是没想到的是，陶谦曾经的旧臣陈珪、陈登父子施了调虎离山之计，先将吕布和其家小骗出城外，然后又将徐州城献给了曹操。吕布无奈之下，只好与陈宫等人连夜奔赴下邳（今江苏睢宁县）。

曹操轻易取下徐州，窃喜不已，对陈珪父子大加赏赐，同时准备进军攻打下邳。谋士程昱觉得此时要是对吕布过分紧逼，他定会顽抗到底，而且极可能会去投靠袁术。吕布和袁术一旦联合起来，就很难将他打败。于是他提出先派出得力将领将淮南路径牢牢守住，内防吕布，外挡袁术。同时指出要谨慎对待山东的臧霸、孙观等人。曹操听后立即亲自带兵去对付山东诸路，并派刘备前去把守淮南路径。刘备领命后，于次日命令糜竺、简雍守在徐州，他亲自带着孙乾、关羽、张飞领兵引军死守淮南路径。曹操领兵浩浩荡荡前去攻打下邳。

当时吕布处在下邳，他见库中粮食充足，而且城门外泗水环绕，于是自觉很是安全。他命令将士们牢牢守住四方城门，而自己避而不战，只知道整天与妻子待在一起。可是时间一久，众将士都开始放松警惕，而且还有很多人都喜好喝酒而耽误事宜，吕布因此还设了禁酒令。吕布手下有一个名为侯成的部将，他因家中有喜事而请很多将士去吃酒，没想到被吕布发现了，吕布勃然大怒，决定处斩侯成。但是在宋宪、魏续等将士的苦苦求情下，吕布饶恕了他，便以一百军棍的刑罚代替杀头之罪。紧接着将士们又求情减少棍数，于是吕布便降到五十军棍，打完后将他放了回去。这件事让将士们都有些情绪，后来宋宪、魏续前去探望侯成，大家在一起都表达出对吕布忽视将士，一心只顾妻妾的作风极为不满，于是他们合计要对付吕布。他们在吕布熟睡的时候，乘其不备，将其捆绑，投靠了曹操，而吕布手下大将张辽、高顺、陈宫等均被活捉。

曹操得到下邳，他入城后即刻发榜以安城中百姓。然后他与刘备一起在白门楼上提审俘虏，旁边站着关羽和张飞。所有俘虏先后被押了上来。第一个便是吕布，他被五花大绑着押上来。当时侯成、魏续、宋宪等人都在旁边，吕布一见他们就破口大骂他们是无耻叛徒。一旁的宋宪便抱怨吕布心中只有妻妾，毫不在乎大家的好坏。他把吕布说得哑口无

忠义神勇
关羽

言。紧接着将士将高顺押上来，曹操对他盘问不休，但是他从头至尾都一言不发，结果被斩了，接着陈宫也被斩。当时曹操正起身，吕布趁机向刘备哀求，想刘备为他求情，刘备点头暗许。吕布向曹操求饶，并说自己愿为曹操副将，为他效劳，能帮他一统天下。曹操听后便问刘备意见，哪知刘备悠悠地说道："您不记得丁原、董卓的事情了吗？"曹操醒悟。吕布大骂刘备是个奸诈之人。曹操便下令将吕布吊死，吕布跪地苦苦哀求曹操。这时有人大骂吕布是个贪生怕死的懦夫。大家一看，原来此人是张辽，他被刀斧手提了上来。

关羽深知张辽是个忠义大将，一心想保住他，于是悄悄向刘备求情。刘备点头答应，并示意他不要冲动。于是关羽退到其身后。吕布被处死后，曹操回头来看张辽，他见张辽气宇不凡，一身侠义之气，原本爱才的他就心生保全之意，于是劝张辽归降于他。没想到张辽反而大骂曹操是篡夺国权的无耻国贼，并说自己要是归降就是侮辱自己，就算是死，也不和曹操狼狈为奸！曹操被激怒了，他果断拔出剑就要杀了张辽。可是张辽非但没有闪躲，反而伸长脖子，让他来砍。关羽见形势不对，就不禁站上前来，跪倒在曹操面前，将张辽的忠义和才能大加称赞一番，他说张辽是在尽臣子的本分，更是个有勇有谋的难得大将，求曹操千万不要错杀良将。曹操也道出了自己的想法，原来他早就看出来张辽是个难得之才，并真心想留住他。但是张辽的怒骂让曹操无法容忍。关羽便用自己性命来保张辽，再三恳求曹操手下留情。关羽紧接着又把前日他与张辽对战时，张辽避而不战的事情向曹操描述一遍。这时旁边的刘备也开始劝解，提出应重用张辽。曹操大笑，立马收起宝剑，亲手给张辽松绑，还脱下自己的衣服为他披上，这下深深地感动了张辽，于是他归降了曹操。曹操拜他为中郎将，封关内侯，并派他去山东招安臧霸。没过几天，臧霸、孙观、吴敦、尹礼等人纷纷归顺了曹操。

后来曹操率军回朝。大军途经徐州时，当地百姓纷纷燃香祈求，想要刘备留下来做徐州牧。曹操建议刘备先回去面见一下皇上接受赏赐，然后再来徐州。于是百姓纷纷叩头拜谢，而曹操命令车骑将军车胄留下来暂时管理徐州城。回到许都（今河南许昌县东部）后，曹操大赏出征的将士们，刘、关、张三兄弟被安排在相府旁边的宅院休息。

次日，曹操带着刘备前来面见天子汉献帝。汉献帝让宗正卿查阅族谱，这一查才发现原来刘备是自己的叔父，然后就请刘备到偏殿中叙叔侄之礼。刘备被封为左将军、宜城亭侯，从此，别人都称刘备为刘皇叔。曹操回到自己府中，荀彧、程昱、郭嘉等谋士纷纷向他提出要尽早除掉刘备，以免后患无穷。但是曹操并不听从，他认为刘备身为皇叔，以后他就用天子的名义来命令刘备，那样刘备只会更加顺从于他。刘备现在身处许都，表面上是和天子离得很近，但是曹操认为这样更有利于控制。其实，现在最让曹操担忧的是太尉杨彪，此人是袁术的亲戚，而且现在就在许都，曹操担心他是袁绍、袁术的内应，于是想尽快除掉杨彪。曹操暗地里施计陷害杨彪，诬告他勾结袁术，蓄意谋反，于是将他抓获，并让许都令满宠按律处置。

北海太守孔融当时也在许都，他看到杨彪被陷害入狱，很是不平，于是向曹操进谏说明了杨彪是世人皆知的清廉，并埋怨曹操仅仅因为杨

忠义神勇

关羽

彪与袁氏的关系而草率治罪的做法不对。曹操立马说治罪是朝廷的旨意，与他没有关系。孔融说："天子年幼，政由你出，怎能说与你无关呢？"曹操辩论不过他，只好减轻罪罚，免了杨彪的官职，将其贬回乡下。议郎赵彦对曹操的专横很是愤懑，他即刻启奏天子，奏明曹操违抗圣旨，一意孤行擅自处罚大臣，要求罢免曹操。曹操勃然大怒，连忙就派人把赵彦擒来给斩了。从这以后，朝中大臣无不心惊胆战，个个都惧怕曹操。后来程昱见曹操的势力已经雄厚起来，便向曹操提出自立为王的想法。曹操深知现在朝廷中仍有很多忠义贤臣，暂且不能轻举妄动。于是他计划请天子去野外打猎，以此探视大家的动静。

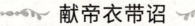

献帝衣带诏

曹操派人准备好名鹰、俊犬、良马、弓矢，并安排好军马在城外，然后去请汉献帝狩猎。汉献帝一直惧怕曹操，只好骑上逍遥马，带上宝雕弓、金鈚箭，排銮驾随曹操出城。刘备、关羽、张飞三人带了弓箭，穿了掩心甲，手持兵器，领着几十个骑兵伴随天子左右。而曹操骑着爪黄飞电马，领着十万人马，和汉献帝一起前往许田狩猎。曹操让军士们围成一个二百余里的大狩猎场，他和汉献帝并驾齐驱而行。曹操的心腹将校都紧随其后，而朝中文武大臣只能远远在后面，无人敢驱马接近他们。

一番颠簸后，汉献帝骑马来到了许田，刘备连忙下马侍立于道旁。此时汉献帝想试探一下刘备，借此来警示曹操，于是他叫刘备小试身手。刘备便上马，此时一只野兔从草丛中窜出，刘备迅速拉弓放箭，将野兔一箭射死，汉献帝连忙大声喝彩。后来大家跃过土坡，一头大鹿突然跑出荆棘丛，汉献帝即刻连射三箭，可一箭未中。于是他便又叫曹操试一试。曹操早就想一试身手，便找汉献帝借用宝雕弓和金鈚箭。曹操拉了个满弓，一箭飞出，正中大鹿的脊背，大鹿被射倒。而文武百官见大鹿身上射进的是金鈚箭，都以为是汉献帝所猎，于是纷纷高呼"万岁"。曹操立马冲上前来，挡在汉献帝面前接受大家的喝彩，此时群臣个个惊慌失色。

当时关羽在刘备身后，他看到曹操如此放肆，大胆僭越皇权，顿时竖起卧蚕眉，便要提刀砍了曹操。刘备见状，慌忙拦住关羽，示意他不要冲动，于是关羽勒住了马。刘备连忙上前称赞曹操箭法出神入化，曹操连忙故作谦虚，并说是托汉献帝的福。曹操转身向汉献帝称贺，但宝雕弓却毫无归还之意，自己直接带上，而汉献帝只能忍气吞声。眼看天色已晚，此次狩猎也只好结束了，于是汉献帝摆驾回许都，群臣也各自回到自己的府邸。

回到府中，关羽责备刘备阻止他杀曹操，刘备忙解释一番，原来刘备是见当时曹操与汉献帝离得太近，旁边还都是曹操的心腹，要是关羽轻易行动，只怕不但不能杀掉曹操，反而会误伤汉献帝，更严重的是还

忠义神勇 关羽

会把他们自己牵扯进去的。关羽听后长叹。刘备于是劝他冷静，耐心等待好时机。

汉献帝回到宫中后，竟向伏皇后哭诉围场所受耻辱。伏皇后很是气愤，并责骂文武百官无能。此时，伏皇后的父亲伏完上前解释，他认为大部分文武百官都是曹操的宗族或者门下，因此大家不敢有所行动。随后他又提出对策，他推荐车骑将军、国舅董承来担当诛灭曹贼的大任。于是汉献帝、伏皇后和伏完三人暗地筹划起来。

有一天，汉献帝赐给董承一条用白玉镶嵌的衣带。董承回到家，从衣带的衬里之中发现了一份用鲜血写成的诏书，悲愤的汉献帝在血诏中拜托他邀集一批忠义之士，设计诛灭曹操。

董承得旨后，日思夜想，精心谋划计策。他秘密将侍郎王子服，将军吴子兰，长水校尉种辑，议郎吴硕和许都西凉太守马腾等几位忠臣义士聚集起来共议诛杀曹贼之事。马腾提议要聚齐十个人。董承却认为忠义之人太多并非好事，除非是心腹之人。于是马腾派人取来《鸳行鹭序簿》进行翻阅。马腾翻到刘氏宗族这页的时候，忽然击掌大喜。大家连忙询问原因，原来马腾正好找到了刘玄德的名字，他想请刘备来商议大事。可是董承认为刘备虽为皇叔，但是他毕竟依附于曹操，他认为刘备不会忠于朝廷。马腾便忙将许田狩猎之事说了一遍，强调刘备一行有诛灭曹操之心。吴硕忙劝众人要小心谨慎，不可草率。

次日夜晚时分，董承带着汉献帝的密诏前来求见刘备。刘备则亲自迎接董承，并带他到小阁细谈，关羽和张飞站在一旁。刘备开门见山，问国舅前来所为何事。董承道明了他晚上前来的缘故，原来他是怕白天

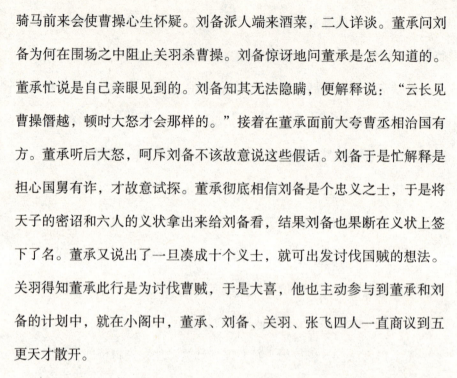

骑马前来会使曹操心生怀疑。刘备派人端来酒菜，二人详谈。董承问刘备为何在围场之中阻止关羽杀曹操。刘备惊讶地问董承是怎么知道的。董承忙说是自己亲眼见到的。刘备知其无法隐瞒，便解释说："云长见曹操僭越，顿时大怒才会那样的。"接着在董承面前大夸曹丞相治国有方。董承听后大怒，呵斥刘备不该故意说这些假话。刘备于是忙解释是担心国舅有诈，才故意试探。董承彻底相信刘备是个忠义之士，于是将天子的密诏和六人的义状拿出来给刘备看，结果刘备也果断在义状上签下了名。董承又说出了一旦凑成十个义士，就可出发讨伐国贼的想法。关羽得知董承此行是为讨伐曹贼，于是大喜，他也主动参与到董承和刘备的计划中，就在小阁中，董承、刘备、关羽、张飞四人一直商议到五更天才散开。

自从刘备参与到讨贼行列，为了避免被曹操猜忌，就在自家后园开垦了一块菜圃，每日都在家种菜。关羽实在看不下去，于是向刘备大举曹操恶行，并告知他现在诸侯相互残杀，争权夺利，天下大乱。刘备叫关羽不需多虑，并强调自己有分寸。这下关羽便不再说什么。

忠义神勇 关羽

曹操两试刘备

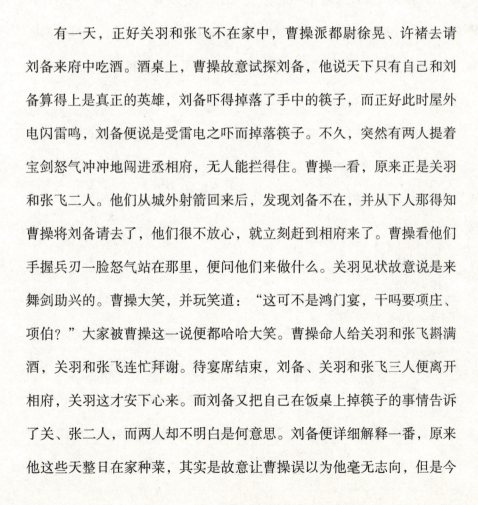

有一天，正好关羽和张飞不在家中，曹操派都尉徐晃、许褚去请刘备来府中吃酒。酒桌上，曹操故意试探刘备，他说天下只有自己和刘备算得上是真正的英雄，刘备吓得掉落了手中的筷子，而正好此时屋外电闪雷鸣，刘备便说是受雷电之吓而掉落筷子。不久，突然有两人提着宝剑怒气冲冲地闯进丞相府，无人能拦得住。曹操一看，原来正是关羽和张飞二人。他们从城外射箭回来后，发现刘备不在，并从下人那得知曹操将刘备请去了，他们很不放心，就立刻赶到相府来了。曹操看他们手握兵刃一脸怒气站在那里，便问他们来做什么。关羽见状故意说是来舞剑助兴的。曹操大笑，并玩笑道："这可不是鸿门宴，干吗要项庄、项伯？"大家被曹操这一说便都哈哈大笑。曹操命人给关羽和张飞斟满酒，关羽和张飞连忙拜谢。待宴席结束，刘备、关羽和张飞三人便离开相府，关羽这才安下心来。而刘备又把自己在饭桌上掉筷子的事情告诉了关、张二人，而两人却不明白是何意思。刘备便详细解释一番，原来他这些天整日在家种菜，其实是故意让曹操误以为他毫无志向，但是今天曹操竟直说他们俩是一样的大英雄，因此刘备才惊讶得掉了筷子。因怕曹操猜疑，故假借怕雷电将其遮掩过去了。关羽和张飞听后，不约而同地赞兄长高明。

次日，曹操再次请刘备来府中吃酒。宴席期间，曹操的部将满宠忽然前来报告袁绍的情况，公孙瓒因为败给袁绍而自杀了，现在公孙瓒的人马、地盘都归袁绍所有，而袁绍也因此声势更加浩大。而袁术因先前在淮南时从孙策那得到传国玉玺而称帝，可是他专横骄奢，不能体恤军民，从而大失军民之心，于是他有了将帝号让给其兄的念头。袁绍让袁术亲自将玉玺送给他，现在袁术正从淮南去往河北的路上。一旦他们联合起来，曹操要对付他们就不是件简单的事了。刘备得知曾经荐举自己的恩人公孙瓒已死，很是哀伤。同时又想到公孙瓒的部将赵子龙，他曾是自己十分欣赏的大将但是如今不知去向，于是他想尽快脱身。刘备站起来对曹操提议，如果袁术要去投靠袁绍，肯定会路经徐州城。但是一旦领军去半路拦截，必能将他逮住。曹操大喜，他很是相信刘备，并决定第二天一起启奏天子，然后发兵。次日，刘备奏明汉献帝，于是曹操立刻令刘备领兵五万，和部将朱灵、路昭一起前往徐州擒拿袁术。刘备临行前特意去向汉献帝辞别，汉献帝不舍，哭着为他送行。

刘备一回到府中，就吩咐关羽和张飞赶紧收拾东西，挂好将军印，连夜督促大军全速前进。董承得知刘备要出征，特意赶到城外相送，并再三叮嘱刘备要小心谨慎，叫他莫忘天子嘱托。而关羽和张飞很是费解为何此次出征那么仓促，刘备说他一直留在许都，就像是笼中鸟、网中鱼一般，而此次出征好比鱼入大海，鸟脱樊笼，所以他才想尽快出发。

　　郭嘉、程昱二人正好刚刚考校粮草回来，得知此事后，立即前来面见曹操，并问他为何让刘备督军。曹操就说是让刘备去截击袁术。程昱说出来自己的想法，他认为刘备当初刚到许都时，就应除了他，而现在曹操却将兵权给他，这是放龙入海，纵虎归山。他还断定刘备以后肯定是个祸患。一旁的郭嘉也抱怨不该让刘备带兵离开。曹操被他们这么一说，就派许褚领五百精兵去追刘备回来，而刘备竟却说"将在外，君命有所不受"，拒绝返回许都。曹操见刘备身边有朱灵、路昭等人监督，也就没有继续派人去追刘备。

　　刘备去了徐州的消息传到马腾那儿，于是他也回西凉去了。徐州刺史车胄亲自出城迎接刘备一行的到来。刘备来到徐州后首先回家探望了家人，同时派人去打探袁术的消息。后探子来报说袁术大失人心，雷薄、陈兰等大将纷纷投奔嵩山去了。现在袁术势力日益衰弱，他现已收拾好物件，正准备投奔袁绍，已经快到徐州了。于是刘备和关羽、张飞、朱灵、路昭领兵五万出城拦截，正好就遇到了袁术大军的先锋纪灵。关羽冲锋在前，提刀奔向纪灵，没到十个回合，纪灵就被关羽一刀砍死。此时，大军一起涌上，将袁军杀个四散。袁术带兵前来援助，却被刘、关、张三人引兵杀退。袁术见大势已去，怒火攻心，吐血而死。袁术侄子袁胤护送袁术的灵柩及妻儿去了庐江，没曾想却全部死于庐江县令徐璆手下。徐璆将夺得的传国玉玺连夜送往曹操手中，曹操欣喜若狂，立即封徐璆做高陵太守。

　　刘备见袁术已死，于是叫朱灵、路昭先回许都，同时上书奏明朝

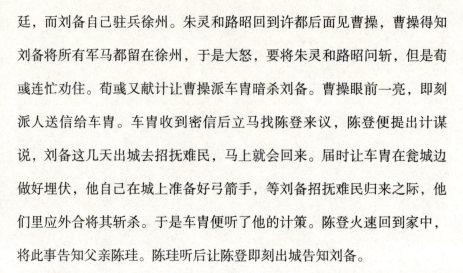

廷，而刘备自己驻兵徐州。朱灵和路昭回到许都后面见曹操，曹操得知刘备将所有军马都留在徐州，于是大怒，要将朱灵和路昭问斩，但是荀彧连忙劝住。荀彧又献计让曹操派车胄暗杀刘备。曹操眼前一亮，即刻派人送信给车胄。车胄收到密信后立马找陈登来议，陈登便提出计谋说，刘备这几天出城去招抚难民，马上就会回来。届时让车胄在瓮城边做好埋伏，他自己在城上准备好弓箭手，等刘备招抚难民归来之际，他们里应外合将其斩杀。于是车胄便听了他的计策。陈登火速回到家中，将此事告知父亲陈珪。陈珪听后让陈登即刻出城告知刘备。

　　陈登快马加鞭，出城就遇到了关羽和张飞，说了车胄打算暗杀刘备的事。张飞见有人要杀哥哥，立马大喊要和车胄一战。关羽一想车胄已经在瓮城边设下埋伏，现在直接过去，肯定会不利，于是连忙制止张飞。随后关羽提出计策："可以借夜色故意装扮成支援车胄的曹兵，引诱他出城迎我们，这样就可轻松杀之。"刘备的军马原本就是曹营的，兵士们衣服一样，而且还有曹军的旗号。当晚三更天，关羽带军装扮成张辽的军马，说是前来支援，在城下叫门。守城士兵便报告车胄，车胄难辨真伪，于是找来陈登，车胄忐忑不安地说："若不开门迎接，怕他们说我私通刘备；若开门迎接，又怕这是个陷阱。"车胄来到城上，向城下高喊等到天亮再开城门。城下连忙以害怕被刘备察觉为由请求赶快开门。此时车胄在城上进退两难，而城下的叫声越来越大。于是车胄被迫领兵一千出城迎接。他刚过吊桥，就向对方大喊："张文远人在何处？"此时关羽在昏暗的火光下提刀飞马直逼车胄，口中大骂："车胄匹夫，快拿命来。"车胄被吓得手脚发抖。没几个回合下来，车胄败下阵来，想逃回城内。他刚到吊桥边，陈登便命兵士从城上往下放箭，无奈之下车胄只好转道逃走。此时关羽已追了上来，他猛地一刀，将车胄砍下马背。关羽手提车胄的首级，劝城上将士速速投降，于是城中军士都纷纷弃戈投降。

刘备回来后，关羽将斩杀车胄的事告知他，刘备大惊，心想现在车胄被杀，曹操肯定会立刻赶来，害怕不知如何对付。此时关羽信心百倍地说他会亲自迎战曹军，刘备依旧追悔莫及。于是刘备请来陈登，向他寻求抗曹之计。陈登胸有成竹，献出一计，他认为袁绍是曹操最惧怕的人，如今袁绍驻兵于冀、青、幽、并几大州郡，拥军百万，他手下众多文官武将，可以写信向他求救。但是刘备自知和袁绍交情并不深，而且自己刚刚将袁绍的弟弟逼死，害怕袁绍不会帮忙。陈登又提到袁绍家的一个世代关系亲密的友人，说此人定能帮到忙。刘备忙问那个人是谁。原来陈登所说的那人正是刘备一向十分敬重的郑康成先生。

郑康成，名玄，是个博学多才的能人，他在汉桓帝时曾经担任尚书，后由于"十常侍之乱"，无奈弃官归隐于徐州。刘备曾在涿郡拜郑康成为师，后来刘备做了徐州牧，依旧时常去向郑康成请教，对他极为尊敬。刘备很是高兴，即刻和陈登一起前往郑康成家请他写信。后来郑康成知明刘备来意后，慨然答应，很快就写好了信。于是刘备令孙乾连夜将此信送给袁绍。袁绍看了信，心想这刘备本杀了他的弟弟，不该救助，可是郑尚书亲自写信求救，又不得不答应。于是袁绍召集群臣，共商起兵攻打曹操之事。袁绍让孙乾火速回去报告郑康成，并叫刘备做好准备来接应。接着令审配、逢纪为统军，田丰、荀谌、许攸为谋士，颜良、文丑为将军，率领三十万精兵，其中十五万骑兵，十五万步兵，奔赴黎阳（今河南浚县）。袁绍的谋士郭图提议要将曹操的恶行全都写到檄文上传播到各个州郡，让天下人都明白曹操罪大恶极理应诛灭，这样起兵讨伐方可名正言顺。于是袁绍派陈琳草拟檄文。

陈琳，字孔璋，此人才高八斗，汉灵帝时曾为主簿，后来发生董卓之乱，无奈到冀州避难，袁绍见他才识过人就请他做记室。陈琳领命草拟檄文，很快就大功告成。袁绍一读很是高兴，命人将此文传到各州郡，张贴于各处关津隘口。

关张共擒二将

很快檄文也传到许都，而曹操当时患了头风病，卧病不起。曹操随从把檄文递给曹操看，没想到曹操读完后毛骨悚然，惊出一身冷汗，这一惊却治好了头风病。曹操瞬间感觉身子好多了，立马起床来，问部将曹洪檄文是何人所写。曹洪便答是陈琳所写。曹操窃喜，他认为陈琳虽文事极佳，只可惜袁绍武略尚欠火候啊。于是曹操即刻召集众谋士一起商议迎敌之策。孔融得知此事后，很快就来拜见曹操，指出只能和不能战。荀彧很是恼怒，他认为袁绍并非有用之人，根本没必要与他议

忠义神勇 关羽

和。孔融不同意，他认为袁绍虎踞河朔之地，地广而人强，手下文武高手云集，袁绍不可能差到哪去。荀彧不屑一顾，他深知袁绍手下虽兵多，可是士气不齐。比如，田丰性格刚烈且易犯上，许攸本性贪婪且不够智慧，审配为人专横且没有谋略，逢纪鲁莽果断且无大用，而颜良、文丑更是有勇无谋，只需一战就可将其擒获。其他的平庸之辈，就算有百万，也没什么可惧的。他断定袁绍手下定会有内讧，这下孔融哑口无言。曹操大笑，夸赞荀彧有先见之明。于是曹操立即下令，命前军刘岱、后军王忠率领五万精兵，打着"丞相"的旗号去攻打刘备。刘备曾为兖州刺史，后来曹操攻下兖州，便归降了曹操。刘岱被封为偏将，所以让他和王忠一起带兵。曹操亲自带兵二十万，直奔黎阳，抵挡袁绍大军。程昱担心刘岱和王忠不足以打胜刘备。此时，曹操连忙解释，他知道这二人敌不过刘备，而之所以派他们去，仅仅是虚张声势罢了。接着曹操令人传信给刘岱和王忠，要他们不可轻易开战，等他大破袁绍，再引兵去攻刘备。于是刘岱和王忠随即领兵直逼徐州。

曹操大军到达黎阳后，在距袁绍大军八十里处安营扎寨，两军对垒，相持不战。一直从八月到十月，两军僵持整整两个月之久。原来袁绍那边由审配领兵，而许攸和田丰都为此感到不平，于是三人内讧，消极应战。另外袁绍本人一直疑惑，这样一来就迟迟没有进兵。于是曹操令臧霸死守青、徐；令于禁、李典屯兵河上；令曹仁任大军总督都，驻兵官渡，而曹操亲自着些军士返回许都。

刘岱和王忠领五万军马在徐州一百里外扎下营寨。因曹操有令，大军又虚打着"曹丞相"的旗号，因此不敢贸然进攻，只好静静打探河北那边的动向。刘备不知曹操的真伪，所以也只能静候河北那方消息，不敢轻举妄动。一日，曹操派人来催刘岱、王忠尽快攻城。二人领命后即刻在营内商量。刘岱故意让王忠领兵先去，王忠自然不会同意，就让刘岱先去，两人相互推托着。最终两人决定靠抓阄来确定哪个先去。王忠拈着"先"字，于是无奈领着一半军马前来攻打徐州。

刘备见敌军已到，于是立刻找来陈登，刘备早知道袁绍屯兵在黎阳，并且得知其谋臣不和，因而无奈只好按兵不动。但是刘备不清楚曹操大军的去向，他听说不曾有曹操的旗号在黎阳军中，可是这里却有曹操的旗号，刘备很是不解。陈登深知曹操老奸巨猾，他想曹操绝对是以河北为重，必定选择亲自在那里督军，而故意不声张旗号，反而在此大张旗鼓，所以陈登断定曹操不在这里。于是刘备有了计策，他让两位弟弟前去一探虚实。此时张飞起身便要去，但是刘备看他性格鲁莽粗暴，就没让他去。张飞一急，扬言定能将曹操擒来。最后刘备还是派了关羽去前线。于是关羽领着三千兵马出了徐州城门奔向王忠兵马。

当时为初冬季节，大雪纷飞，天气异常寒冷，而且阴云密布，两军在雪中布阵对峙。关羽提刀上前，大喊王忠出来。王忠也随即拍马上前，呵斥道："丞相在此，还不速速投降？"关羽便大呼请丞相出来一见。王忠故意以关羽身份太低见不了丞相为由加以拒绝。关羽勃然大怒，举刀飞马直逼王忠，王忠也挺枪而出。两人快撞到一起时，关羽立即勒马掉头。王忠以为关羽不战而退，于是快马追来。不料刚跃过山坡，关羽杀个回马枪，大喝一声，挥刀直指王忠。王忠无力抵挡，只好逃跑，此时关羽迅速左手倒提宝刀，右手狠狠拽住王忠的勒甲绦，猛地一下将他摔落马鞍，横挂在马背上，并将其捉回阵中。王忠被擒，手下将士丢盔逃窜。

关羽押着王忠前来面见刘备，刘备忙问其姓名，职位以及为何诈称"曹丞相"。王忠连忙称自己是奉丞相之命到此虚张声势罢了，并交代丞相确实不在此地。刘备让人为王忠备好衣服和酒菜，将其暂押牢中，等擒拿刘岱后一并处置。关羽猜到刘备有意和解，故才没将王忠砍杀于战场，刘备也正是担心张飞脾气暴躁，一下冲动就杀了王忠，才不敢让他去。张飞很是不服气，提出要去生擒刘岱。刘备知晓刘岱本是兖州刺史，当年在虎牢关讨伐董卓时，也是一镇诸侯。于是叮嘱张飞千万不能轻敌。张飞骄傲自大，认为刘岱这样的人根本不值一提，生擒他是小事一桩。刘备再次强调不要取了他性命，以免坏了大事。张飞放出话来，说自己要是杀了他，就以自己性命来偿他命。刘备这才肯给张飞三千兵马，让他前去擒拿刘岱。张飞大军在刘岱寨前数里处安下营寨。

刘岱见王忠被擒，就死守不出。张飞每天都到寨前叫骂，刘岱听出是张飞，就更加胆怯。张飞一直守了好几日，可刘岱还是不肯出战，就想出一计：传令下去，今夜二更前去劫了刘岱营寨；而白天在帐中喝酒故意装醉，还治了几个军士的罪，将他们打了一顿后绑在营中，并称今晚要用他们祭旗，却秘密派人故意让这几个人逃跑。那些人逃脱后，就直奔刘岱那去禀报张飞要劫寨的事。刘岱看这些士兵个个伤痕累累，就真的听信了他们的话，于是下令全体军士在营帐外围设下埋伏，帐中空无一人。夜晚时分，张飞军中路三十多军士，前往刘岱营寨放火，另两路军马悄悄绕到刘岱寨后，三路军以火起为号，同时行动。三更时分，

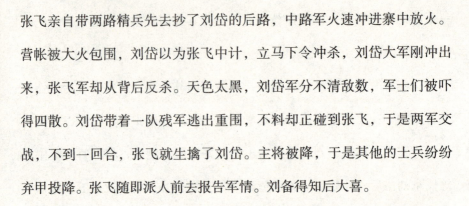

张飞亲自带两路精兵先去抄了刘岱的后路，中路军火速冲进寨中放火。营帐被大火包围，刘岱以为张飞中计，立马下令冲杀，刘岱大军刚冲出来，张飞军却从背后反杀。天色太黑，刘岱军分不清敌数，军士们被吓得四散。刘岱带着一队残军逃出重围，不料却正碰到张飞，于是两军交战，不到一回合，张飞就生擒了刘岱。主将被降，于是其他的士兵纷纷弃甲投降。张飞随即派人前去报告军情。刘备得知后大喜。

军士将刘岱押过来，刘备见刘岱被绑，于是连忙下马为他松绑，并替张飞向他赔罪，然后客客气气地将刘岱迎进城中，又放出王忠，请二位一同吃酒。刘备开始诉苦，他先讲自己杀车胄，是因为车胄要谋害他，实属无奈。但是他没想到丞相却误以为他是蓄谋造反，强调自己不敢忘却丞相大恩，并一直想报答于丞相。随即刘备请刘岱和王忠替他向丞相解释。刘岱和王忠也立马表明态度，说定会拿全家老小的性命来保全刘备。刘备连忙称谢。次日，刘备将俘获军士全部还给刘岱、王忠，并亲自送他们出城。

不料刘岱、王忠出城不到十里路，鼓声阵阵，被张飞拦住去路。这下把刘岱、王忠吓得直发抖。张飞猛地挺枪直奔向二人，此时传来一声大喝："三弟不得无礼！"原来是关羽赶来，关羽责备张飞违抗军令。张飞连忙称自己是怕他们下次再来。关羽劝他不要妄动，刘岱、王忠急忙告退，并保证就算丞相诛他们三族，他们也不会再来了。张飞放出话来，他说就算曹操亲自来，他也杀得曹操屁滚尿流！刘岱、王忠立马快马加鞭逃走。关羽觉得曹操一定会再来，于是向刘备说出了自己的心思，孙乾向刘备指出徐州四面受敌，此地不宜久留，并提出分兵屯小

忠义神勇

关羽

沛（今江苏沛县），驻兵下邳城，呈掎角形势以防曹操的计策。于是刘备下令，让关羽守下邳，并将甘、糜二夫人也安置在下邳。令孙乾、简雍、糜竺和其弟糜芳守在徐州，刘备和张飞驻兵于小沛。

刘岱和王忠回到许都后立刻面见曹操，告知曹操说刘备并非反叛。曹操听后大怒，大骂刘岱和王忠是无用之徒，并要斩了他们。孔融认为他们本来就敌不过刘备，倘若斩了他们，众将士都会寒心的，于是急忙劝曹操，曹操听后冷静下来，于是没杀刘岱、王忠，但免了二人的爵禄。曹操准备亲自带兵去攻打刘备，孔融见现在正是寒冬腊月，天寒地冻，不宜动兵。于是提议等明年春末再起兵，可先派人去招安襄城的张绣和刘表，之后再攻打刘备。于是曹操按照孔融说的，派人去襄城招安张绣。后招安成功，张绣归降，并被曹操封为扬武将军，后来他又听从曹操，写信招安刘表。刘表并未归降，于是曹操对刘表心怀恨意，等待时机讨伐刘表。

自刘备离开许都后，董承每日和王子服等人密谋诛杀曹操，可是其家奴却将其密谋告发给曹操，于是曹操将董承全家和其他涉嫌密谋的人全部杀掉。曹操不解气，又进宫杀了董承的妹妹——董贵妃。从此曹操下令，外戚宗族中凡是没有他的旨意就擅自入宫者，杀无赦。还让三千心腹充当御林军，派曹洪来统领全军。曹操认为董承等人虽死，但马腾、刘备等同谋仍在，必须斩草除根，于是找来程昱商议。

程昱知马腾现驻兵西凉，其军队人强马壮，不可贸然进攻，而刘备现驻守徐州，并以掎角之势守之，也不可轻易攻之。于是提出先以书信安抚马腾，待其稳定下来后，再诱其来京师，然后将其诛杀的计谋。

程昱看出袁绍屯兵官渡（今河南中牟东北），正等待时机进攻许都的计划。他想此时要是东征，刘备定会向袁绍求救，而袁绍定会乘机偷袭许都，那样的话，就无力阻挡了。

曹操并不这么认为，他认为刘备是人中之龙，现在不趁早灭了他，待他势力强大了，就不好灭他。曹操了解袁绍遇事优柔寡断，所以并不将他放在心上。正在两人还在商议时，郭嘉闯进来，曹操向他求助。郭嘉认为袁绍天性多疑，其谋士都相互争斗，所以叫曹操不必忧虑。另外郭嘉觉得刘备刚占据徐州不久，因此众心还未服，故建议曹操现在立马东征，并保证可一战告捷。曹操大喜，亲率二十万大军，兵分五路，直奔徐州。

刘备见曹操率军前来，于是找来孙乾共商向袁绍求救，而袁绍此时却被幼子的病弄得心神不宁，只叫刘备前来投靠，却不愿发兵抵抗曹军。刘备无奈只能应敌，他通知关羽要小心防范。关羽很想出兵一助刘备，可是城中兵马实在不足，何况自己身兼保护刘备家人的重任，于是不敢贸然出城相助，只好派人时刻打探刘备和张飞的情况。

曹操先带兵进攻小沛，大胜刘备军，刘备被迫孤身投奔袁绍。曹操又截杀了张飞军，张飞军仅剩数十骑兵。无奈张飞准备回小沛，但是曹军将路断了，于是张飞又准备去徐州、下邳，但是又惧怕曹军拦截，于是只好向芒砀山方向逃去。曹操当晚就攻下了小沛，紧接着又进攻徐州。糜竺、简雍没能抵挡住，于是弃城而逃。后陈登将徐州献给了曹操。

关羽得知刘备、张飞大败以及曹操占领了小沛、徐州，顿时大惊失

忠义神勇

关羽

色，很是焦虑，提起大刀想去打探二位兄弟的消息，可一想到刘备的二位夫人，无奈只好放下刀退回来。于是关羽召集了下邳的大小将校，并分派了任务，让大家加强防御四方城门，然后便向二位夫人禀报当下的情况，叫二位夫人做好相应准备。关羽随即提着大刀，驾马巡查。

第二章

千里走单骑

　　这时，刘备在河北的消息也传到曹操的耳中，于是，他让张辽去探探关羽的心思。张辽一见到关羽就特意恭喜他得到了刘备的消息。关羽却说，虽然他得到了消息，但还没有见到刘备，实在没什么值得恭喜的。在关羽的眼里，刘备既是朋友，又是兄弟，更是君臣。

曹操劝降关羽

曹操进了徐州城，立刻召集众谋士共商攻取下邳之策。荀彧心想关羽受命保护刘备的妻小，定会誓死守城，于是建议曹操要速战速决，攻下下邳，否则很可能就被袁绍占领。曹操深知关羽英勇忠义，也很是欣赏。他一直想让关羽归降于他，替他效力。一旁的郭嘉也知关羽重情重义，于是断言关羽绝不会投降的，还指出要是派人去招安，定会被关羽杀了。

曹操想把关羽纳入自己麾下，但他素闻关羽忠肝义胆，恐怕不会轻易背叛刘备。正苦无良策之时，张辽主动请缨前去当说客，因为他从前与关羽有过一面之交，可以去试试。程昱也想出了一计，他认为单是以言相劝是动摇不了关羽的，若是先将关羽陷入进退两难之地，再让张辽去劝降，势必事半功倍。曹操大喜，便问如何做是好。程昱答："先前刘备手下有一些兵士来降，不如先派这些人回下邳当内应，以逃回去的借口作掩护，关羽应该不会生疑。然后诱关羽出城作战，引他远离下邳后再派精兵断了他的后路，使他腹背受敌，此时张辽前去游说即可。"

曹操采纳了程昱的建议，派出数十个刘营降兵"投奔"关羽。关羽中计，以为都是自己人，便收留了他们。

次日，曹操派夏侯惇带五千兵马前来挑衅关羽，关羽紧关城门，拒不迎战。夏侯惇则使用激将法，叫几个人到城门口辱骂关羽，关羽忍无可忍，气得暴跳如雷，拿起武器出城杀敌。夏侯惇只御不攻，步步后退，把关羽引到了二十里外。关羽恐其中有诈，敌军意在下邳，便不想再做纠缠，掉头回城。不料，徐晃、许褚忽然带兵杀出，堵在了关羽面前。关羽大吼一声，发起进攻，想杀出重围。这谈何容易，曹军是有备而来，在路的两旁埋下了弓箭营，一时，乱箭齐飞。关羽只得下令折返，徐晃、许褚穷追不舍，最终关羽力挥大刀击退了他们。正要返回下邳，夏侯惇又挡住了去路，两军一直厮杀到傍晚。关羽前后受敌，加上天色已晚，只好退守到附近的土山上，休整一晚。入夜后，昨日来诈降的人给曹军开了下邳城门，曹军入城后点燃了一堆柴木，存心搞得关羽焦虑不安。果然，关羽很担心两位嫂嫂的安危，几次突围都无功而返。

关羽一见晨光熹微，马上整队再发起冲锋。忽然，一阵马蹄声由远及近，来人正是张辽。张辽翻身下马，对关羽说："我惦记关羽当日救命之恩，特地赶来见一面。"关羽问他究竟为何而来，是来帮曹操劝降还是替自己解围的。张辽答都不是，自己前来是想告诉关羽，如今刘备、张飞不知所踪，生死未卜。昨天夜里曹军已经占领了下邳，曹操下令善待百姓，不准扰民，甚至派人保护刘备的夫人。关羽一听就笑了，这不摆明是劝降吗？但他态度坚决，自己一生忠义，要是降曹，岂不成为天下人的笑柄？张辽却说，要是关羽今日葬身于此就会犯下三条大罪。第一，刘备落败，关羽就心灰意懒，战死于此。若刘备他朝想东山再起却没有关羽相助，不就白白辜负了当初桃园三结义之情？第二，刘备将家人托付给关羽，若不履行承诺，就是无信。第三，关羽智勇双全，如果只顾着逞匹夫之勇，将匡扶汉室的大任抛之脑后，就是不义。不过，要是归顺了曹操，情况就不一样了，就会有"三便"。一来不违桃园之义，二来可保刘夫人周全，三来留有退路。

关羽心想现在也没有更好的办法，何不先依了曹操，以后再慢慢打听刘备的消息。他思索了一阵便说，自己可以卸甲归顺，不过曹操得先答应三个条件，凡是有一条不答应，这事就不必谈了。第一条，关羽曾对天发誓要匡扶汉室，所以降的是汉朝皇帝而不是曹操；第二条，必须按时如数把刘备的俸禄送到府上，并不准任何人上门打扰两位刘夫人；第三条，关羽心在刘备，倘若有刘备的消息定会排除万难去追随，届时希望曹操不要多加阻挠。

张辽马上回去传话，对于第一个条件，曹操毫不犹豫就答应了，因为他才是汉廷的掌权者，名义上降汉，实际就是降曹。听到第二个条件，曹操更是爽快，不过是份俸禄罢了，还可以慷慨点，加倍给。至于不让人打扰刘夫人，也是合情合理之事。然而，听到关羽的第三个条件，曹操不乐意了，要是关羽说走就走，自己大费周章要来何用？张辽却劝他，关羽为人重情重义，刘备对他好，他便是死心塌地。若曹操以诚相待，就可以收服关羽。曹操觉得张辽说得在理，便答应了关羽的"三约"。

忠义神勇 关羽

张辽再上土山，把曹操的决定告诉关羽。既然双方达成了协议，关羽也不好反口，便请曹操暂时撤兵，待自己回城禀告两位刘夫人一声，再亲自赶赴曹营。于是，张辽再次回去向曹操报告，曹操立刻命令部队撤退三十里。荀彧生怕有诈，反对退兵。但曹操很信任关羽的人品，不会食言而肥。

关羽回到下邳，看到百姓照常过日子，心里的石头便落地。他赶紧去刘府看望甘、糜两位嫂夫人，向她们告罪，并告诉她们，刘备不知所踪。昨日自己被困在土山上，曹操派张辽来劝降，他与曹操做了三个约定，不过，还需听询嫂嫂意见，不敢自作主张。甘夫人则说本以为昨日难逃一劫，怎么知道曹军倒是放过了大家。既然关羽已有打算，就按自己想的做吧，就怕日后有了刘备的消息，曹操却不会轻易放走关羽。关羽让嫂子们放宽心，说自己会安排妥当。

拜别两位嫂子，关羽立即动身前往曹营，曹操闻讯亲自出门迎接。关羽一下马就给曹操施了大礼，先是感激曹操不杀之恩，再当面表明心意："若得知哥哥行踪，自己定会离开，希望丞相成全。"曹操安抚他说，一定会一言九鼎。然而，刘备生死未卜，需要慢慢派人寻找。之后，还大摆筵席欢迎关羽。

次日，曹操领着大部队，浩浩荡荡地回许都了。关羽给两位嫂嫂安排好马车，而且不假于人手，亲自在旁护送。到了晚上，大队停在驿站休息。曹操趁机使坏，把关羽和刘夫人们安排在一间房，以扰乱君臣之礼。关羽可是个"刀枪不入"的真君子，为了避嫌，他提着蜡烛在门外给两位嫂嫂守门，一夜未宿。曹操很是感慨，更加佩服这位真英雄。到了许都后，曹操把关羽安顿在一座大宅里。关羽把宅子分为前后两院，自己独居前院，让嫂嫂们住进后院，还找来十个信得过的老兵把手内门。

过了几日，曹操让关羽入朝觐见汉献帝，汉献帝封关羽为偏将军。自从关羽来到许都，曹操对他颇为上心，每隔几天就为他举办宴会，还送了他很多绫罗绸缎、金银珠宝，关羽把这些贵重礼物都转送给了嫂嫂。后来，曹操又赐给他十个美人，关羽也将人送入了内院侍奉嫂嫂。关羽对两位刘夫人很是敬重，每隔三天就会站在内门外向她们请安，报告刘备的情况。曹操也很叹服关羽克己复礼的做法。

有一次，曹操发现关羽的战袍过旧，立马让人做了一套给他送去。关羽却把新衣穿在里面，外面还是套着旧衣。曹操不解，便笑关羽对自己过于节俭了。关羽却说不是这个缘故，只是因为这绿锦战袍是刘备送的，不敢"喜新厌旧"，忘记刘备的恩赐。曹操表面看着不在乎，内心却起了疙瘩。

还有一次，关羽在睡觉，忽然内院有人来报，两位夫人不知为何哭得很悲伤，让他去看看。关羽赶紧起身，整理好仪表才往内院走去。他也不入屋，只跪在门外问候。原来，甘夫人做了个噩梦，梦到刘备被埋在土坑里。两位夫人觉得这是不祥之兆，刘备可能已不在人世。关羽安慰两位嫂嫂，这不过是日有所思，夜有所梦罢了。话还没说完，曹操就派人来请关羽过府一聚。可是，关羽在宴会上心不在焉，忧思忡忡。曹操见状便关心了几句。关羽答道："今日嫂嫂梦到兄长已逝，悲恸欲绝，自己触景伤情，不能释怀。"曹操只好不断劝酒，关羽大醉，失了态："云长不能报效朝廷，还背叛了刘备，真是不堪为人！"

曹操顿生尴尬，不想接这个茬，便问关羽胡髯有多少条。此时，关羽也稍稍恢复了神志，便搭话，自己曾数过胡髯，大概有几百条，不过一入秋就掉，一个月大概会掉4根，到了冬天，就用皂纱囊包着，以免掉得更多。曹操命人用纱锦给关羽做了个护髯囊。第二天上朝，汉献帝好奇关羽胸前为何戴个纱锦囊，关羽回答，是曹操送给自己护髯的。汉献帝让关羽解开锦囊瞧瞧，忽然一阵风吹来，关羽胡髯随之起舞。汉献帝赞叹，真是名副其实的"美髯公"啊！这就是关羽的别名——"美髯公"的由来。

过了几日，曹操又给关羽摆了一场酒席。宴会结束后，曹操亲自送关羽出门，这时，下人也把关羽的马拉了过来。曹操一看就说这马太瘦，让人去马厩把赤兔马牵来。关羽得此良马，兴奋不已，他向曹操连声道谢。曹操纳闷了，关羽着实奇怪，送了这么多珠宝、美人，他不来道谢，送了一匹马却这么高兴，难道人还比不过动物？关羽解释，赤兔马可以日行千里，要是知道刘备的行踪，短短一日就可以赶赴他身边了。曹操后悔不已，然而，送出去的礼物不好再要回来。

关羽对刘备忠心耿耿，"身在曹营心在汉"，有诗为证："威倾三国著英豪，一宅分居义气高。奸相枉将虚礼待，岂知关羽不降曹。"曹操不明白，自己对关羽可谓无微不至，他怎么老惦记着刘备？于是，他让张辽去探探关羽口风。

关羽倒也实诚，他坦白地告诉张辽，自己很感激曹操的知遇之恩，不过心中始终放不下刘备。当年，兄弟三人桃园结义，不能同日生，那就同日死。如果刘备真的遭遇不测了，自己也会随他而去。不过，滴水之恩理应涌泉相报，倘若真要离开，一定会立了功再走。张辽知道关羽去意坚定，谁也拦不住。他回去见曹操，一五一十地转告了关羽所说的话。曹操叹息："云长真是个饮水思源的真英雄，天下义士的楷模啊！"荀彧出了个主意，既然关羽信守承诺，必须立功报答曹操才离开，那么，让他找不到机会立功不就可以了吗？曹操一想，确实如此。

关羽战颜良

与此同时，待在袁绍身边的刘备也是焦虑不安，袁绍不解他为何如此烦恼。刘备说："我壮志未酬，两个弟弟杳无音讯，夫人又在曹操手中生死未卜，又岂会安心呢？"袁绍则安慰刘备，或许很快就可以与亲人团聚了，因为他谋划攻打许都已久，很快就要出兵了。过了几天，袁绍正式召集部下商议此事。田丰不同意出兵许都，他认为曹操当日出征徐州，许都兵力空虚，袁军都没有趁这个好机会拿下许都。现在曹操班师回朝，实力强大，几乎是坚不可摧，实在不宜进攻，不如暂时静观其变。袁绍问刘备意见，刘备答："曹贼把持朝政，大逆不道，要是不去讨伐，天下百姓都会心寒。"田丰想要劝谏，却被袁绍骂了回去，甚至

忠义神勇 关羽

被打入天牢。沮授见袁绍难改心意，恐怕此番是有去无回。出征之前，他特意回家安排好后事，把钱财都送给了同族亲戚。

袁绍命颜良率兵围攻白马（今河南境内），沮授认为颜良虽然勇猛，但是太过小心眼，不能担此重任。袁绍不听，一意孤行。当袁绍的大军逼近黎阳的时候，刘延派人五百里加急向曹操求助。曹操集合谋士商量对策，关羽知道后主动请缨。可是曹操婉拒了他，称杀鸡焉用牛刀，不需关羽亲自出马。关羽无奈，只能回去了。

曹操亲自率兵出征，在半路上，刘延又发来"白马告急"的文书。于是，曹操先带五万精兵赶往白马，驻扎在某土山旁。曹操在山上远眺颜良的十万大军，敌军来势汹涌，不可小觑。曹操派宋宪打头阵，这个宋宪本是吕布旧将，骁勇善战。宋宪得令，拿起长枪便驱马迎敌，颜良挥刀而上，招招凶狠。两人才打了两个回合，宋宪首级被斩。曹操没想到宋宪这么快就落败！魏续上前请命，愿为宋宪报仇雪恨。他持矛上阵，大骂颜良。颜良喜怒不形于色，只顾砍人，这次交战用时更短，只一个回合，魏续被劈成两半。曹操再派徐晃出战，徐晃与颜良纠缠了二十个回合，终于顶不住逃了回来。这下子曹营没有人敢应战，双方暂时休战。

曹操一连痛失两名大将，不知如何是好。程昱说，只有关羽才能灭颜良。曹操担心关羽要是立了大功，很快就会离开，恐得不偿失！程昱却给曹操分析："要是刘备没死，他现在一定在袁营。要是我们以关羽破颜良，袁绍会放过刘备吗？刘备必死无疑，这样一来，关羽还是得留在主公身边，一举两得！"于是，曹操派人回许都请关羽。临别前，两位刘夫人叮嘱关羽要趁机寻兄。

待关羽一到，曹操立马设宴款待。突然，有人来报，颜良在营前挑衅。关羽提出要去探探敌情，曹操便带着关羽上了山。他们俯瞰敌营，颜良的兵马严阵以待，不好对付。关羽却说，这些不过是纸老虎罢了，只能唬人！自己愿杀入敌阵，直取颜良首级。曹操让关羽不可轻敌，张辽也劝他不能狂妄自大，乱立军令状。

然而，张辽还没把话说完，关羽就翻上了赤兔马，反持青龙刀，向颜良冲去。关羽如天将下凡，气势逼人，河北军马被吓得退了几丈，给关羽让出了一条通道。当时，颜良正站在旌旗伞盖下，还没反应过来。赤兔马果然神速，带着关羽冲到颜良面前。只见关羽一刀劈去，颜良毫无反抗的余地，瞬间倒在地上。关羽提着他的人头，转身回营，这就叫"来去自如"！主帅被杀，袁军大乱，节节败退，还被曹军缴了很多武器。关羽回到土山，大家都赞他了不起。关羽却说这没什么，弟弟张飞才是猛将，到百万大军中取将领首级，那是易如反掌！曹操大惊，世上还有如此神通广大之人，他叮嘱左右，以后与张飞交手，一定要慎重。

有些颜良的士卒逃了回去给袁绍报信，说颜良被一个脸如红枣、凤眼蚕眉的敌将杀了。沮授一听，这不就是刘备的二弟关羽吗？袁绍气急败坏，怀疑刘备是同谋，想要处死他。刘备却不慌不忙地辩解，自从徐州一别，自己都不知道关羽是生是死，何来同谋？何况天底下面貌相似的人这么多，何以见得杀颜良的就是关羽？袁绍信以为真，觉得自己冤枉了刘备，便请刘备入座一起共商报仇之策。

这时，大将文丑挺身而出，主动请战，他与颜良情同手足，定要

忠义神勇 关羽

曹操血债血偿。历史上对文丑的记载是："身高八尺，面如獬豸，身形怪异，勇不可当。"袁绍很高兴，便让他率十万兵马即刻渡黄河、败曹军。沮授反对这个战略，他认为应驻守延津，分批渡河才好。袁绍听不进去，大骂沮授胆小拖沓，延误战机。沮授对袁绍的武断专行毫无办法，便称病告假。刘备打起了小算盘，想知道敌将是否就是关羽。他对袁绍说，为了报答袁绍的恩情，自己愿随军出征，还可以为他查证关羽虚实。袁绍大喜，不愿怠慢了刘备，便让他与文丑一起当前部主帅。文丑却说刘备不善领兵，失败太多，他非去不可的话，可以率领三万后部。于是，文丑率领七万前部，刘备带着三万后部一同出发了。

曹操见关羽立了大功，便让汉献帝封他为汉寿亭侯，授官印。不久，又有人来报，袁绍派文丑渡黄河向我军逼近，现在已到延津（今河南新乡市）一带。曹操赶紧下令转移百姓，自己亲自带兵到延津迎战，并且重新布阵，前后两部相互调换，让粮草军走在前面，精兵跟在后面。郭嘉不明白曹操为何做此安排，粮草放在前面，不就白白送给敌军了吗？果然，曹军的"粮食前部"在半路就遇到了文丑的军队，因为前、后两部相隔太远，粮食被抢去了不少。曹操心中有数，下令全军停止前行，让士兵都解开盔甲，松开战马，在南阜休息一下。还没一会儿，文丑率兵来袭。曹兵们连忙给马匹上鞍，想把它们转移走。荀彧深知曹操是想以马为诱，扰乱袁军，正要出言相阻，曹操扫了荀彧一眼，示意他不要泄露"天机"。不出曹操所料，文丑的大队只顾着抢马，现场是乱糟糟的，渐渐失控。曹操趁机传令发起进攻，文丑不敌，只好逃走，张辽、徐晃追了过去。文丑确实有几下功夫，只见他弯弓射箭，直中张辽头盔，把他的簪缨打了下来。张辽回过神来再追，文丑补了一箭，再中张辽坐骑脸颊。白马受惊，把张辽摔了出去。徐晃抽起斧头出手相助，徐、文两人打得不分上下，可是袁兵赶来助威，越来越多，徐晃看势头不对，夺路而逃。

这时，一员曹将从天而降，杀气腾腾，来人正是关羽。他向文丑冲去，不用三个回合，就砍中了文丑的后脑勺。曹操见状，传令乘胜追击，文丑部队溃不成军，还被曹操反夺了很多的粮草马匹。

正在关羽忙于应战之时，刘备的后部也赶到了。刘备远远地看着敌军中高高竖起的战旗，上面写着"汉寿亭侯关云长"七个大字。他不禁喜极而泣，终于找到关二弟了。正想呼喊关羽之际，曹军后援赶到，刘备意识到这不是相认的好时机，只好作罢。郭图、审配回去告诉袁绍，这次刘备无从抵赖，杀害文丑的大将的的确确是关羽。袁绍大为震惊，刘备居然敢在自己眼皮底下耍心眼，真是引狼入室。他让侍卫把刘备绑起来斩了，刘备却请袁绍再听自己一言，自己一向和曹操势同水火，曹操更把自己当成眼中钉，巴不得除之而后快。曹贼一向奸诈狡猾，这次他就是想使反间计，借刀杀人！他知道关羽杀颜良、文丑两员将军，明公必会迁怒于我。刘备讲得是声色泪下，袁绍一心软又放过了他。刘备"打蛇随棍上"，他向袁绍提议，为了报答袁绍的不杀之恩，自己愿意写信招降关羽。关羽重情重义，一定会排除万难赶来。届时，袁绍如虎添翼，大败曹操指日可待。袁绍大喜，关羽以一敌百，这可是天降神兵，相比之下，折损颜良、文丑两员大将不算什么！于是，他让刘备马上修书一封，不过却找不到合适的信使。袁军驻守武阳，暂时没有什么大动作。而曹操

忠义神勇 关羽

得胜，带着大军回许都去了，只留夏侯惇把守官渡隘口。

　　曹操在府中大摆筵席，犒劳有功之臣。曹操向郭嘉解说为何要粮草先行，因为这是谋略，诱敌深入，乱其阵脚，好乘虚而入，只有荀彧才懂这个部署的目的，事前不说是因为不能走漏风声，让袁军早有防范。曹操不愧为一代枭雄，心思缜密！酒足饭饱之余，又有士卒来报——黄巾军被打败之后，他的残部刘辟、龚都等人还不死心，整天在汝南地区兴风作浪，非常猖狂。现需要曹操出兵相助，斩草除根。关羽见报答曹操的机会又来了，便争着去。曹操不乐意，怕关羽是为离开做准备，便说关羽刚刚立了军功，还没来得及回府休息，不好再去。关羽却说，自己是劳碌命，闷在家里毫无用武之地，不如为曹操尽一份绵力。他再三请战，曹操不好推托，便答应了。第二天，关羽带着五万兵马出征汝南后，荀彧暗劝曹操："关羽的心一直在刘备那里，要是他知道刘备的消息一定会离开。丞相给关羽立功报答的机会太多，到时就找不到借口留下他了。曹操心惊，决定这是最后一次让关羽出征。

　　关羽一到汝南扎营，当晚就捉了两个在外面探头探脑的细作。关羽前去审问，这一看却发现有一个细作是故交——孙乾。关羽不动声色，让闲杂人等都先行退下，自己要"密审"。关羽问孙乾，自从徐州一别，大家都失散了，没法打听到彼此的消息，为何孙乾会在此地？孙乾答，自己流浪到汝南，后加入了刘辟的军队。他不解关公为何要为曹操卖命。关羽也把自己的遭遇给孙乾讲了一遍，并告知两位刘夫人安好。孙乾告诉关羽，自己打听到刘备的消息，准备找机会去投靠。原来刘备投奔了袁绍，而刘、龚二人也归降了袁绍，大家要一起对抗曹操。今夜，自己是特意前来给关羽通风报信的，明天刘、龚二人会诈败，给关羽留有余地。他劝关羽尽早离开曹操，带着两位刘夫人去与刘备团聚。关羽大喜，终于知道大哥身在何方。不过，他担心袁绍容不下他，因为他刚帮曹操灭了其两员大将。孙乾则说愿意为关羽打探消息，了解清楚了再来报。关羽便偷偷放走了孙乾。

第二天，关羽带兵出战，对手是龚都。他大声质问龚都为何背叛汉朝廷，龚都故意说，关羽也是叛将，有什么资格来批评自己？旧主刘备在袁绍那里，关羽却归降曹操。关羽佯装大怒，拍马上前，龚都不战反逃，关羽追了上去。远离曹军之后，龚都低声对关羽说："云长尽管前进，我等将汝南拱手相让。只是，千万别忘刘备的恩情！"随后，刘、龚二人按照计划，假装不敌关羽，撤离汝南。

身在曹营心在汉

关羽"大获全胜"，带着大军重返许都。曹操听到捷报，亲自出门迎接凯旋的关羽，并下令犒赏三军。宴会结束后，关羽告辞回家，他先入内院给两位嫂嫂请安。甘夫人很担心刘备的安危，便问关羽有无打听到他的行踪。关羽却没有说实话，随后告退。然而，天下没有不透风的墙，两位嫂夫人不久之后就知道了此事，她们将关羽叫了过来，质问他为什么不告诉她们实情，是不是因为受了曹操的恩惠，就将他与刘备的情谊给忘记了。关羽连忙告诉两位嫂夫人，刘备的确是在河北，他之所以没有告知她们，是担心走漏了风声。他还说事情急不得，一定要详细筹划方可行事。两位嫂夫人见他态度诚恳，当即去了怀疑之心，只交代他尽心去做即可。想要安全离京的确不容易，向两位嫂夫人解释清楚后，关羽一直坐立不安，只盼能早日找到好办法。

这时，刘备在河北的消息也传到曹操的耳朵里，于是，他让张辽去探探关羽的心思。张辽一见到关羽就特意恭喜他得到了刘备的消息。关羽却说，虽然他得到了消息，但还没有见到刘备，实在没什么值得恭喜的。张辽又接着试探关羽，他把自己与关羽的交情以及刘备与关羽的交情放在一起，并问关羽怎么样看待这两份交情。关羽回答说他与张辽是朋友，而与刘备既是朋友，又是兄弟，更是君臣。张辽又接着问他是不是要去投奔刘备。关羽给了张辽肯定的答复，称自己与刘备有誓言在先，并请张辽将自己的心意转告曹操。得到张辽的回报后，曹操略一思索，说他有办法留住关羽。

这天，关羽正在家苦苦思索离京之计，下人通报说有人前来拜访。关羽与来人见面后，发现是个陌生人，便询问对方来历。来人回答称他是袁绍的部下，名叫陈震。关羽大惊失色，连忙挥退了左右，询问陈震的来意。陈震没有直接回答，只是拿出了一封信。关羽拿过来一看，不由得心头一震，原来这是刘备的亲笔信。刘备在信中表示对关羽背弃誓言的举动不理解，并表示如果关羽要追求功成名就，他可以献上自己的

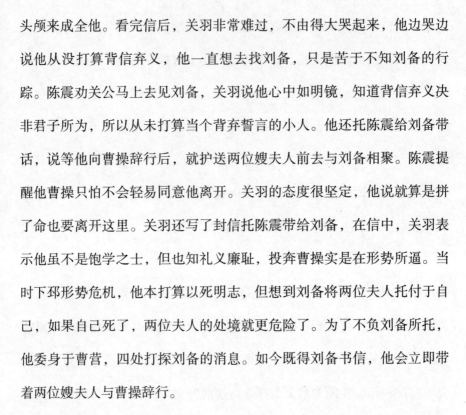

头颅来成全他。看完信后，关羽非常难过，不由得大哭起来，他边哭边说他从没打算背信弃义，他一直想去找刘备，只是苦于不知刘备的行踪。陈震劝关公马上去见刘备，关羽说他心中如明镜，知道背信弃义决非君子所为，所以从未打算当个背弃誓言的小人。他还托陈震给刘备带话，说等他向曹操辞行后，就护送两位嫂夫人前去与刘备相聚。陈震提醒他曹操只怕不会轻易同意他离开。关羽的态度很坚定，他说就算是拼了命也要离开这里。关羽还写了封信托陈震带给刘备，在信中，关羽表示他虽不是饱学之士，但也知礼义廉耻，投奔曹操实是在形势所逼。当时下邳形势危机，他本打算以死明志，但想到刘备将两位夫人托付于自己，如果自己死了，两位夫人的处境就更危险了。为了不负刘备所托，他委身于曹营，四处打探刘备的消息。如今既得刘备书信，他会立即带着两位嫂夫人与曹操辞行。

陈震走后，关羽第一时间将消息告知了两位嫂夫人，接着便前往曹府，打算向曹操辞行。曹操老奸巨猾，早算到他有此举，便命人在门口挂上了回避的牌子，闭门谢客。关羽无奈，只好打道回府收拾行李，并告诉府中上下，随时准备出发。关羽心急如焚，第二天又前往相府辞行，结果还是碰了个软钉子，相府的门前依然挂着回避的牌子。随后几天，关羽每天前往相府辞行，结果都吃了闭门羹。无奈之下，他前去找张辽询问有何办法。谁知张辽在曹操的授意下，也称病避而不见。接连吃了几次闭门羹，关羽回过味来了，他知道这是曹操故意不放他走，于是打算来个不辞而别。临行前，他给曹操写了封信，在信中他表示虽然他很感激曹操对他的恩德，但他与刘备有誓言

忠义神勇 关羽

在先，不能背弃。现在，他已得知刘备的消息，要赶去与刘备汇合，曹操的恩情他只能以后再报了。信写好后，他一面派人前往曹府送信，一面让人准备出发，他将汉寿亭侯印留在了大堂，曹操赏赐的东西他也一样都没带走。等两位夫人上车后，关羽跨上赤兔马，手提青龙刀，领着手下的侍从向北门行去。如关公所料，他们一行果然在北门遭到了阻拦。关羽将手中的刀一横，眼睛一瞪，大喝一声，拦住他们的门吏便吓得屁滚尿流，关羽一行趁机出了北门。出城之后，关羽安排侍从护送两位夫人的马车先走，自己断后。

关羽带人前往北门之际，曹操正好收到了关羽的书信。看完信之后，曹操不由得惊呼出声。他还未回过神来，又有北门守将来报，称关羽已经率人从北门出城了。接着，他又得到关羽宅中侍从的回报，说是关羽已带着刘备的夫人离开了宅子，曹操赏赐给他的美女和金银珠宝都未带走，汉寿亭侯的大印也被留在了大堂之中。消息接二连三，众人都沉默了。这时，将军蔡阳挺身而出，表现愿意领兵前去捉拿关羽。

曹操手上良将众多，徐晃、张辽两人与关羽素来交好，其余将军也十分敬佩关羽的为人。蔡阳却是个例外，他素来不服关羽，所以当他听说关羽不辞而别时，就有了之前的一番言论，谁知竟被曹操斥退。曹操称赞关羽，说他来去明白、不忘故主，是真正的大丈夫，让他手下人多向关羽学习。除了蔡阳，程昱也提出建议，他认为关羽不念曹操的恩情，不辞而别，所犯的是大罪。他还说关羽是员猛将，如果加入袁绍的阵营，无疑让对手如虎添翼，所以建议曹操趁此机杀了关羽，以免夜长梦多。曹操也未采纳程昱的建议，他说他有言在先，不能出尔反尔，他还说，关羽对权势和金钱毫不动心，令他非常敬佩。关羽刚去北门，估计还未走远，不如再给他送上路费和征袍，就当是个纪念。于是曹操派张辽先行一步，去拦下关公。张辽领命而去，曹操领兵紧跟其后。

关羽正随着车队慢慢地行进着，忽然听到有人在叫他留步。关羽回身一看，来人却是张辽，关羽只道是曹操派张辽前来捉拿他们一行人，连忙让待从驾着马车先走，自己则留下断后。等着张辽来到近前时，关羽便问张辽是不是前来追他回去的。张辽见关羽误会，连忙解释说并无此意，只是曹操想来给他送行而已。关羽说即使是曹操的军队前来，他也愿意与之一战，于是，便提刀静候曹操。

不一会儿功夫，果然见官道上尘土飞扬，来者正是曹操及手下诸将。曹操来到近前，便让诸将左右排开。关羽见曹操一干人并没有携带武器，悬着的一颗心才落了地。曹操没有客套，开口就问关羽为何如此急着离开。关羽回答道他如今已知刘备下落，急着赶去与之会合。关羽还说他曾三番五次上门辞行，奈何都未能见到曹操，所以只好留书辞行，他还请曹操不要忘记先前的约定。曹操本就无毁约之心，于是十分爽快地答应了，并提出要赠予关羽黄金和锦袍以酬谢关羽立下的功劳。关羽本就不是爱财之人，他推拒了黄金，只答应收下锦袍。

曹操见关公心意已决，便不再勉强，命人下马将锦袍送予关羽。此时，关羽并没有完全放下戒心，他担心这其中有诈，于是没有下马，只是将手中的青龙刀轻轻一挥，便挑起锦袍披在了肩上。关羽再次谢过曹操后，便调转马头，径直离开了。曹操身边的将领见关羽如此无礼，便提议曹操将关羽擒住。曹操说他话已出口，自然无反悔之心，接着便领着诸将回城了。

关羽与曹操拜别后，连忙追赶先行一步的车队，谁知他一路疾行，却始终未见车队的踪影，不由得心急起来。正当他四下寻找时，忽闻有人大叫关将军。关羽定睛一看，唤他之人却是个少年，身着锦衣，头带黄巾，持枪立于马上，而马脖子处还挂着一颗人头。这少年见关羽看过来，便领着百来名步兵直奔关羽而来。等众人来到近前，关羽立即询问对方的身份。那少年下马跪倒在地，将事情的来龙去脉一一道来。原来这名少年叫做廖化，原是襄阳人，因世道艰难便聚集了数百人落草为寇，这个区域正是他们的地盘。刚才，他和同伴杜远在这里巡查时，正好撞见了护送刘备夫人的车队，便将车队劫上了山。到山上一盘问，他才知道这车队护送的是刘备的两位夫人，而领头之人正是关羽，他便想将车队送下山。谁知杜远生了贪婪之心，拒不同意，廖化便趁他不备将其斩杀了，并带着杜远的人头来向关羽请罪。关羽连忙询问两位夫人的情况，廖化回答说夫人们安然无恙，此时正在山上。关羽要求廖化赶紧将夫人们送下山来。

不多时，车队便下得山来，关羽连忙上前向嫂夫人们告罪。两位夫人说她们身体无事，只是受到了惊吓，并说多亏有廖化在，不然难免受辱。关羽见嫂夫人们果真无事，便向车队侍从询问事情经过。待从所说果然与廖化所说一致，关羽当即便向廖化谢恩。廖化连称不敢当，并提出要和部下一起投靠关羽。

关羽考虑到廖化始终是黄巾余党，便婉言拒绝了他的投靠，连他送上的黄金也一并拒绝了。随后，关羽领着车队与廖化等人告别，向山谷之中而去。路上，关羽便将一路所遇之事详细地与两位嫂夫人说了。车队一路行进，待到天色渐晚，便打算到附近的村庄歇息一晚，明日再赶路。众人入得村庄后，老庄主亲自前来迎接，询问来者身份。关羽告知对方后，老者大喜，问他是不是斩杀文丑和颜良的关公。得到肯定回答后，老者热情地将众人迎进了村庄。老者非常周到，特意安排自己的妻女在内室款待两位夫人，而自己在外堂招待关羽。直到双方坐定，关羽才得到机会询问老者姓名。老者回答说自己名叫胡华，有子名胡班，在荥阳太守王植手下当差。他还说要修书一封让关羽转交给自己的儿子。关羽爽快地答应了老者的请求。

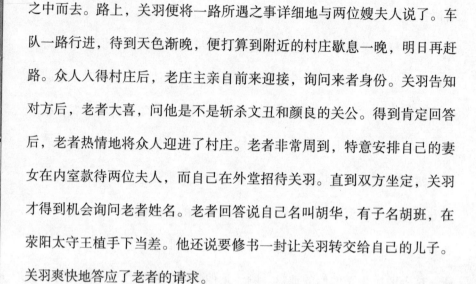

于是，当晚关羽一干人等便在胡华家中歇息，第二天早饭过后，关羽自胡华手中取了书信，又请了两位夫人上车，便取道往洛阳而去，不多时，便到达了东岭关。东岭关的守将是孔秀，他听手下汇报说关羽领人前来，连忙带人迎了出来。关羽告知孔秀他已辞别曹操，打算前往河北与刘备汇合。孔秀听完之后，便说如今河北是袁绍的地盘，而袁绍是曹操的敌人，要求关羽出示曹操的文凭方可放他们过岭。关羽说因为行事匆忙，没来得及讨要文凭。孔秀说那就没办法了，只能等他向曹操禀告之后，才能放关羽过关卡。关羽正急着前往河北，哪里经得起这般延误，自然不肯。孔秀又说他要过关卡也行，但必须留下人质作保。一时间，双方僵持不下，谁都不肯让步，事情陷入了僵局。关羽非常生气，拿起刀就想砍孔秀。孔秀见此情形，马上退到关内，召集大帮人马后再出关，对关公大喊："我看你敢不敢过去！"关羽并不害怕，他让一干人等都退后，而自己则操起大刀直逼孔秀。孔秀也奋起反抗，不一

忠义神勇 关羽

会儿，孔秀就被砍死了。士兵见此都慌了，准备逃跑。关羽开口："各位，请留步，我之所以杀孔秀，也是逼于无奈，这不关你们的事。另外，你们回去告诉曹丞相，就说我并非想杀他，只不过是他起了害我之心。"这些人谢过后就离开了。

千里走单骑

过得东岭关后，关羽马上携众人往洛阳方向出发。这时，洛阳的太守韩福得到了这个消息，他马上让人想办法。手下孟坦提出："手中没有持有丞相的文凭，那就是偷偷地出关；假如不拦住他，那我们肯定会受罚的。"韩福想了想说："关羽很厉害，连文丑、颜良都是死在他手下的。现在我们不能硬挡，要智取。"孟坦听后，心生一计："我们先在关口放一些鹿角，他一到，就让一些士兵主动出击，然后士兵假装被他打败，让他乘胜追击，等到这个时候，我们就乱箭扫射。这样就能够把关羽一举拿下，送到丞相面前，然后我们就等着领赏。"

几人刚商量好，关羽就到了。于是韩福就带了弓箭手等一千人马来到关口，问："你们是什么人？"关羽礼貌地回道："在下关羽，汉寿亭侯，希望能从这里经过。"韩福又问："有通关文书吗？"关羽回道："由于事情很急，就没有去要文书。"韩福说："我奉命在此地查奸细，假如没有证件，那便是可疑之人。"关羽生气了，说："东岭的孔秀，已经死在我的刀下了。难道你也想步他后尘？"韩福听后，大喊"给我抓住他！"孟坦马上出击，关羽还是让一干人等退后，自己策马向前，一会儿孟坦就招架不住了，于是便往关内逃，不料关羽速度更快，孟坦被他杀死了。此时躲在门首的韩福趁关羽不注意射了一箭，关羽被射中了手臂。关羽立马拔出箭，不顾流血，向韩福冲去，关羽的勇猛让众将惊恐，于是韩福也被他杀死了，关羽等人顺利过关。

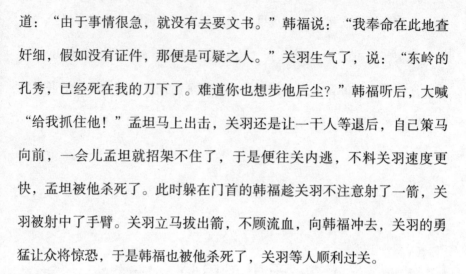

关羽不敢在路上耽误太多时间，于是简单包扎一下，便赶往汜水关。这里的把守将领叫卞喜，擅长流星锤，是并州（今山西太原）人，之前是黄巾军，但后来就做了曹操的手下，被安排到这里守关。卞喜知道关羽准备到这里，就想出了一个计策：让两百多名刀斧手埋伏在关前的镇国寺，找个合适的时机，把关羽砍死。卞喜安排好后就来到关前等关羽。关羽见有人来迎接，于是就下马还礼。卞喜开口："久仰将军大名，现在将军要跟随刘备，这表明了您的赤胆忠心！"

于是关羽就把路上的事告诉了卞喜。卞喜听后，说："将军做得对。待我面见丞相时，一定会向他说明原因的。"关羽很开心，接受了卞喜的邀请，一起前往镇国寺。

镇国寺曾经是汉明帝御前的香火院，寺院不大，加起来才有三十多位僧人。这些僧人中，刚好有一个是关羽的同乡，这位僧人就是普净。那时，普净已经知道卞喜要做什么了，于是他就走到关羽的面前，问："将军多久没有回过家乡了？"关羽说："将近二十年了。"普净又问："您是否还记得贫僧？"关羽回道："那么久了，不记得了。"普净接着说："贫僧家与将军家只有一条河的距离。"卞喜看见普净说个不停，担心他会说漏嘴，便大声对他说："我想邀请将军一同进膳，你哪来那么多废话！"关羽听后，连忙说："没关系，大家都是同乡，不说说话怎么行呢？"于是普净邀请关羽到方丈处品茶。关羽说车上还有两位夫人，让他先上茶。于是普净让人先端茶给两位夫人。这时，普净摸了摸戒刀，向关羽示意。关羽明白后，下令让左右持刀紧跟在他身后。

卞喜邀请关羽到法堂，关羽开口："卞君此次邀请不知是出于何意？"还没等卞喜回答，关羽就觉察到了有埋伏，于是大声对卞喜说："亏我还觉得你是好人，但没想到你胆子这么大！"卞喜当即下令："赶快动手！"士兵还没有出击，就被关羽杀死了。卞喜见此，立刻逃跑，但是关羽很快追上来，两人打了一个回合，卞喜就被杀死了。关羽马上赶往夫人的仪仗，见到有士兵包围，但是在他到了之后，这些士兵都弃械而逃了。关羽找到普净道谢："幸亏有你，不然我已经没命了。"普净说："此地已容不下我，我要离开了，将军多保重，后会有期。"关羽再次道谢，便向荥阳方向出发。

荥阳的太守是王植，跟韩福是亲家，他获知韩福被关羽砍死，便想报仇，命令士兵守在关口。待关羽一到，王植便出关迎接。关羽告诉王植自己寻兄一事。王植听后，说："将军一路辛苦了，请将军先到驿馆好好休息，第二天再上路。"关羽听后觉得有理，便在城中找了一家驿馆休息。王植邀请关羽一起进膳，关羽说不去，于是王植就让人把饭菜送到驿馆。关羽等人用膳，并让侍从喂饱马，不久他也准备休息了。

这时，王植对胡班说："关羽是叛贼，一路上又杀死了很多将士，罪过很大！不过这人很厉害，你今晚就带着一千士兵重围驿馆，每个人都拿一个火把，等到时机成熟，就放火烧了驿馆！"胡班听令后，便暗地里召集士兵包围驿馆，准备放火。

胡班心想："关羽名声在外，不过从未见过他的模样，看看也无妨。"于是他走进驿馆，询问得知关羽就是在正厅看书，便轻轻地来到正厅，看到关羽正专心地看《春秋》，便叹道："这可谓是天人啊！"关羽循声看去，胡班大步走进来，自我介绍："我叫胡班，是荥阳太守的手下。"关羽说："难道你就是许都城外胡华的儿子？"胡班答道："是的。"于是关羽就让侍从拿出一封信给胡班看，看后，胡班说："差点就把忠良杀了啊！"他把事情全部告诉关羽，并让关羽马上出城。

关羽听后很吃惊，立即下令侍从收拾好东西，叫上嫂嫂一并离开了驿站，到门口果真看到很多士兵手上都拿着火把。关羽等人立刻赶到城边，发现城门并没有关，于是很快地就出了城。此时，胡班看到关羽离开后，继续放火。关羽走了一会儿，发现后面有追兵，并且听到了王植的叫声："关羽，你停下来！"关羽真的停下，并大声骂："你这个小人！我们井水不犯河水，你居然想用火烧死我？"王植听后并没有回答，只是拿起刀，直逼关羽，不过关羽出手一刀，王植就这样被杀死了，而其他士兵在关羽的驱赶下，也都散开了。关羽继续赶路。

关羽来到了滑州界，太守刘廷就带着骑兵到城门相迎。关羽对太

忠义神勇 关羽

守说："近来一切都安好吧"刘廷没答，但是问了一句："您这是准备到哪去？"关羽说他是去找刘备。刘廷听后，说："现在刘备在丞相的仇人袁绍那里，丞相肯定不会让你去的？"关羽提及当初的约定，刘廷只好说："现在的黄河渡口关隘不是我能做主，而是夏侯惇的人，将军看是很难前进。"关羽希望太守能够给他找几条船，刘廷说船是有，不过他不敢借人。听了这番话，关羽不得不说出以前帮过太守的事，"我帮你灭了颜良、文丑，现在我只是叫你借一条船，你居然都不答应，这算怎么回事？"刘廷怕夏侯惇追究，而关羽也知道他是个懦弱的人，便直接向前开去。到了黄河渡口，秦琪就在那里，看见来人，便问："你是谁？"关羽报上自己，秦琪接着问："你这是去干什么？"关羽又把寻兄一事说了，秦琪听后，说必须有丞相的通关文凭才能过关，否则就是插翅也难飞！关羽非常生气，就问："你可知道我一路来杀了多少挡我去路的将士吗？"秦琪不屑一顾，并说那些都是无能的将士，还说关羽不敢杀他。关羽反问："难道你比颜良和文丑厉害吗？"秦琪听后，拿起刀就想关公砍去，两人刚交战一回合，秦琪就命丧黄泉了。将领一死，关羽就对剩下的人说："挡我路者已死，你们赶快助我过河。"关羽顺利过了河，到了袁绍的地盘。关羽过了五处关卡，斩了六名大将。后来有诗云："挂印封金辞汉相，寻兄遥望远途还。马骑赤兔行千里，刀偃青龙出五关。忠义慨然冲宇宙，英雄从此震江山。独行斩将应无敌，今古留题翰墨间。"

一路上，关羽都在感慨："杀人并非我的意愿，假如让曹操知道此事，肯定会觉得我是一个忘恩负义的人。"走着走着，突然有一个人

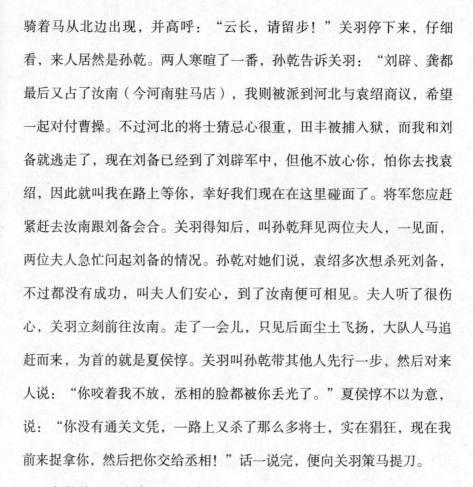

骑着马从北边出现，并高呼："云长，请留步！"关羽停下来，仔细看，来人居然是孙乾。两人寒暄了一番，孙乾告诉关羽："刘辟、龚都最后又占了汝南（今河南驻马店），我则被派到河北与袁绍商议，希望一起对付曹操。不过河北的将士猜忌心很重，田丰被捕入狱，而我和刘备就逃走了，现在刘备已经到了刘辟军中，但他不放心你，怕你去找袁绍，因此就叫我在路上等你，幸好我们现在在这里碰面了。将军您应赶紧赶去汝南跟刘备会合。关羽得知后，叫孙乾拜见两位夫人，一见面，两位夫人急忙问起刘备的情况。孙乾对她们说，袁绍多次想杀死刘备，不过都没有成功，叫夫人们安心，到了汝南便可相见。夫人听了很伤心，关羽立刻前往汝南。走了一会儿，只见后面尘土飞扬，大队人马追赶而来，为首的就是夏侯惇。关羽叫孙乾带其他人先行一步，然后对来人说："你咬着我不放，丞相的脸都被你丢光了。"夏侯惇不以为意，说："你没有通关文凭，一路上又杀了那么多将士，实在猖狂，现在我前来捉拿你，然后把你交给丞相！"话一说完，便向关羽策马提刀。

突然从后面出来一人，大喊："不能与关羽交战！"关羽按刀不动。来人拿出公文，对夏侯惇说："丞相佩服关将军，担心他在路上遭到拦阻，特令我拿公文传示关隘。"夏侯惇听后，问："那丞相是否知道关羽一路上杀了多少人？"来人说这点不清楚。夏侯惇说："我现把他抓起来，交给丞相处置。"关羽听后很生气，说自己并不怕他，因而两人开始交战，不一会儿，又有一来人，大声说："两位将军不要再打了！"夏侯惇停下问："是奉丞相之命来捉拿关羽的吗？"来人说不是，还说自己拿了曹操的公文来放行关羽。夏侯惇又问："他在路上杀

忠义神勇 关羽

了很多将士，丞相知道吗？"来人说不知道，夏侯惇听后，说这样的话肯定要抓关羽了，便令士兵把关羽重重围住，关羽再次发怒，再次策马挥刀，两人刚想再次交战，又有一人策马前来，并大声喊："云长、元让万万不可动手！"两人回头，看见来者竟是张辽。看到此情况，两人也纷纷停手。张辽走近了一些，说明自己的来意，原来曹操已经听说了关羽过关斩将的事情，怕他因此而处处受阻，于是便让张辽前去通知各处，让关羽自由通行。听完此番话，夏侯惇略有不悦，老友蔡阳把自己的外甥秦琪交给他照顾，现在死在了关羽手里，他怎么也没法对蔡阳交代。了解了这一情况的张辽便做了保证，说他会亲自对蔡阳说明。毕竟丞相也放了话。

事已至此，夏侯惇也不再坚持，便掉头撤退了。关羽也向张辽表示，他会继续去寻找兄长的下落，三人就此分别。

刘关张重聚首

之后，关羽追上了孙乾的车队，并且把之前的事情对其说了一番，两人就此结伴而行。几天之后，一场大雨倾盆而下，关羽带领大家躲入了一个山冈旁边的庄园。庄园里住着一位叫作郭常的老者，收留了关羽一行人。黄昏时分，老者的儿子打猎归来，老人连忙让儿子拜见关羽。儿子下堂之后，老人才哭着说出了自己的苦楚，原来他只有这一个儿子，但是却不思进取，整天只知道打猎。关羽安慰说，如今世道习武防身也是一件好事，但是，老人更加伤心，他的儿子连武艺也不学，一门心思只管打猎，关羽也无能为力。

深夜时候，郭常离开草堂，正当关羽、孙乾等人刚要入睡之时，后院却传来嘈杂的马叫声，还伴随着隐隐约约人的声音。关羽立刻大呼，结果却没人应声，只好与孙乾一起拿着家伙走去后院。场面一片混乱，郭常的儿子躺在地上胡乱号叫，跟随来的人也正在和庄客打成一片。关羽拉过一个人询问原因，原来是郭常的儿子半夜心生邪念，想要偷赤兔马，结果被马一蹄踢到地上，听见声音的随从便出来查看，庄客一方不但不认错，反倒动起手来，于是便成了现在的局面。关羽一听，这人竟吃了熊心豹子胆，要动他的宝马，便怒上心头，拿起剑准备砍去。这个时候，郭常跑来跪到地上，请关羽放了他的儿子。关羽虽然生气，但是看到老人如此可怜，便也不再追究，回了房里。

第二天，心存感恩的老人又再次感谢关羽，并向关羽说明，自己的儿子在昨天半夜已经不知逃到了哪里。天气也已好转，关羽一行人谢过了老人的收留之情，便再次上路。结果刚走了三十里路程，就出现了一百多号人冲他们杀去。领头的两个人，其中一个便是郭常那个不孝之子。前面的人头戴黄头巾，自报家门，说自己是张角的手下，只要把赤兔马留下，便放一行人过去。关羽大笑道，问他知不知道刘、关、张。黄头巾说道，他只知道关羽有一把长髯，但是，却从来没有见过。听罢

忠义神勇 关羽

关羽便把自己的须囊解开，将长髯拿出。长髯一亮，黄头巾便吓得从马上滚了下来。在关羽的询问下，他将事情的原委说了出来。原来，这个人叫作裴元绍，确实是张角手下，张角死了之后，他便归隐山林之中。早上的时候，郭常之子来邀请他打劫一匹千里好马，所以才埋伏在此，没想到，遇到的竟是关羽。关羽念及郭常夫妇年龄已大，便又放其一条生路。

关羽对于裴元绍没有见过他的面容便知道他名字一事颇感好奇，便询问缘由。裴元绍说道，在距离这里约二十里的地方有一座山，称为卧牛山。这个山上住着一个叫作周仓的人，来自关西。他力大无穷，非常魁梧。本来是黄巾军张宝部下一名将领，在张宝死了之后便改当了山贼。他经常说到关羽，并且十分想要与关羽见上一面。关羽劝说了裴元绍一番，让他重归征途便要离开。这时，却看见一大批人马往这里驰来，这便是周仓众人。

关羽便停了下来，等着人马接近。等到走近，领头之人果真身材魁梧高大。周仓一见到关羽，立马认了出来，大喜，从马上下来，拜见关羽。关羽不知为什么周仓会认得自己。原来，之前周仓在跟随张宝的时候，与关羽有过一面之缘，但是当时觉得自己已经入了匪窝，没有脸面跟随关羽。但是，今天两人却机缘巧合再次相遇，周仓自然是欣喜不已，更是想要誓死跟着关羽。关羽见壮士竟然如此真诚，便有心收留，但是，自己也不能擅自做主，向车内的两位嫂嫂说明情况。甘夫人念及这次关羽从许都离开，没有任何车马，而且之前廖化要跟随的时候，关羽都拒绝了，这次没有理由收留周仓。关羽斟酌了一番，觉得非常有道理，便让周仓等人先回山中，等关羽与兄长相见之后再回来找周仓。但是，周仓却是铁了心要跟随关羽，跪在地上，表明自己的心意，并说可以把手下人马全部交给裴元绍，自己一人跟随。关羽再次与两位嫂嫂商议，对于周仓一人，两位都觉得不会碍事。于是，关羽便答应了周仓，让人马都跟着裴元绍。见此情况的裴元绍也生出了要跟随关羽的念头，但是周仓以裴元绍加入，人马会散了的缘由，让裴元绍先不跟随。等到情况稳定，再来接上裴元绍。裴元绍虽然心有不快，但是也不得不与关羽一行人告别。

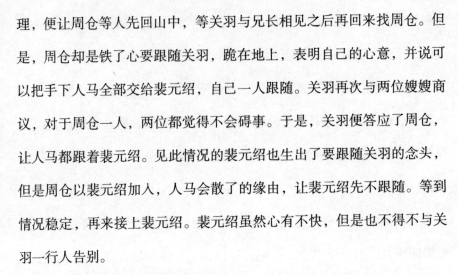

周仓随着关羽继续前行，前往汝南方向。几天之后，在路上看到一山城。关羽便询问当地人那是何处。当地人告诉关羽，这里叫作古城。前几月有个叫张飞的将军，曾带着几十个士兵骑马到此，并且把原有的县官撵走，占城为主，并且大力招兵买马，人数已经到了三五千，势力庞大没人敢惹。关羽一听，竟然是张飞，两人在徐州失散之后一直没有消息，没想到竟能在这里相遇。于是，便派遣孙乾进城，与张飞碰头。话说这个张飞，为了打探刘备的动向，在芒砀山中待了一个月左右，偶然路过这个古城。本来想借个粮就走，没想到呢，这个县官怎么都不肯。这一下可把张飞给惹怒了，一气之下把县官赶跑，占了这个地方。孙乾进了城，便直接找到了张飞，告诉了张飞刘备已经前往了汝南，两位夫人在关羽的护送下也已经到了城门外。让张飞出去接见。听完之后，这个张飞是一句话也没有说，直接穿好行头拿着长矛，跃到马上领着一千人直接出了城门。看到这一幕的孙乾是傻了眼，不明白缘由，也只能跟在后面一块出来。

城外的关羽看见张飞，自是非常高兴，刀一放，骑着马就迎向张飞。不料，张飞却面露怒色，挥着长矛向关羽刺去。关羽立马躲闪，还大声质问着张飞何故如此。张飞大声怒骂着，说关羽投靠了曹操，还背叛了兄弟，到如今竟然连他也不放过，无论如何也要决一生死。关羽一听，原来是这样。但是自己却也解释不清，便让两位嫂嫂出面把误会解开。张飞已经怒在心头，现在哪能听得进去。

情急之时，在车内的两位夫人听到了张飞的声音，便出来解释。张飞却是怎么也不肯相信，还劝说两位夫人也不要被关羽给骗了。关羽和两位夫人极力解释着，张飞已经认定关羽是来捉他的，关羽解释道，如果是来抓张飞，肯定不会这么少的人来，而是有军马。可是，谁料到，正在关羽说这句话的时候，突然来了一大队打着曹军标志的军马。张飞更加确定关羽是背信弃义之人，拿着长矛狠狠向关羽刺去。关羽连忙挡住，为了证明自己的清白，表示要把来的人全部斩杀。张飞却不以为然，为了一试关羽的真心，他以自己打鼓为限，鼓声停了，关羽把来者将领杀了，关羽便是清白的。关羽为了证明清白，也一口应允，拿着兵器走到军马面前。所谓冤家路窄，带头的人竟然是秦琪的舅舅蔡阳，蔡阳一见关羽便杀气四起，关羽也是拿着刀就向蔡阳砍去。伴随着张飞的擂鼓声，场面非常激烈。张飞一通擂鼓还没有打完，关羽就一下砍掉了蔡阳的头颅，并且把打旗的小官捉了起来，追究缘由，其他的人也早已吓得四荒而逃。吓坏了的小官连忙说出了缘由，原来秦琪之死被蔡阳听到之后，便非常生气，执意要杀了关羽，被曹操否决之后，便被派往汝南，没想到竟然在这里遇着了。关羽听完之后，便提着小官到了张飞面前，向张飞把事情解释清楚。

正当张飞询问小官的时候，前方便有了报告，说是有十几人正在向城内骑马而来，是什么来路并不清楚。张飞一听，便感到奇怪，连忙向南门查看情况。这些来人都骑着飞马，拿着弓箭，一看到张飞便慌忙下马。这班人正是糜竺、糜芳等人，与张飞在徐州一散之后，这俩兄弟就到家乡避难去了，虽然到处打探消息，但是却打听到了关羽向曹操投降一事，而简雍也去了河北，张飞却不知在哪里。直到昨天才遇到一大拨人，听说到了一个将军，也姓张，便心生好奇，寻找至此。张飞也把关羽与二位嫂嫂已经来到此的事情告诉了两兄弟，两兄弟心中也是大喜，连忙来见关羽。就这样，所有人进了城中，两位夫人也把关羽的事情跟张飞说了一番，张飞这才意识到自己的错误，不断地向关羽道歉，张飞也说了自己遇到的事情，并且派下人张罗宴席招待。

次日天一亮，关羽便要启程去汝南，张飞见状也想要一起前去。关羽劝说张飞，让张飞和两位嫂嫂一起先留在城中，也好照应。张飞听此，便应允了下来。于是关羽和孙乾便带领了几个人骑马奔向了汝南方向。到了之后，听到消息的刘辟还有龚都出了城门赶去迎接，关羽直接向两人问刘备在何处，刘辟回答关羽，刘备前几日的确住在此地，但是看到军中缺少士兵，为此又赶去见袁绍商量去了。关羽听后不是很高兴，孙乾见此，劝说关羽没有必要担忧，反正就只能再跑一趟，辛苦辛苦，赶到河北去见刘备，然后再一起启程回去张飞那里。于是，关羽与刘辟和龚都辞别，便又赶回了古城，将这件事情告诉了张飞。张飞又想跟随关羽一起，关羽再次劝说张飞留下："这座古城，现在是兄弟的一处落脚地，不能掉以轻心，以免落入别人之手。有孙乾一起陪我前去就可以了，等到找到了兄长便一块回来。"张飞担心关羽与颜良、文丑之间的仇恨，关羽却说会随机应变，不用担心。关羽说完，便安排周仓去卧牛山将裴元绍的人马召集过来，增加力量。

关羽和孙乾带领二十多个骑兵急速地赶到河北，快到界线的时候，孙乾阻止了关羽前行，说自己先进去找刘备。于是，关羽派孙乾前去，自己则带领着其他人到村里的一处庄院休息。关羽向庄里的老人说明了来这儿的目的，没想到这个老翁也姓关，叫作关定，并且对关羽佩服不已，于是喊出了自己的两个儿子接见关羽，热情地招待他们。

这边孙乾也顺利地见到了刘备，把情况都跟刘备说了一下。刘备听完，叫来了简雍，一起商量如何脱身。简雍想出了一个计策说："明日主公与袁绍相见，定会为进攻曹操一事去荆州力劝刘表，这个时候便是绝佳的时机。"刘备大力赞成这个主意，但是又担心简雍，简雍则表示自己会有别的方法脱身。于是，这个计策就定了下来。次日，刘备如计去见了袁绍，向袁绍说了应该去劝说刘景一起攻曹的建议，袁绍告诉刘备，其实他已经派人多次劝说过，但是却没有任何作用。刘备则表明，刘表与他是一家，他要是去的话，应该没有什么问题。袁绍自感刘表的实力要比刘辟厉害，听刘备这么一说，便立即派遣刘备过去。刘备刚要离开，袁绍又说，他已经听说了关羽会来，要是见到一定会亲手杀了他，将颜良与文丑的仇给报了。刘备劝说袁绍："以前主公对关羽赞赏有加，并且还想要收为手下，所以我才会把关羽喊过来。而现在，却因为颜良和文丑这俩小人物而要杀了关羽这一大将，实在是不值。"袁绍又笑笑，说自己是在开玩笑，让刘备继续把关羽喊过来。刘备答应着，袁绍听后高兴不已，让刘备退下。刘备刚一走，简雍便接着走了进来，说对刘备不能掉以轻心，自荐跟随刘备一起前去，既可以帮助，又能监督刘备，袁绍便答应了简雍。而郭图却在这时闯了进来，不同意简雍一起前去，说这样反而使得刘备更加不会回来。袁绍却不以为然，打发了郭图离开。

刘备和简雍出城之后，在界首被孙乾迎接着到了庄院，关羽在门口，看到刘备随即便拜，两人两手相握，泪也是不停往下流。两人到了草堂之后，关定便将两个儿子叫了过来，想要让十八岁的小儿子跟着关羽。刘备看到老人如此有意，而关羽又没有儿子，便建议把贤郎收做自己的儿子。关定高兴不已，连忙让小儿子关平喊关羽父亲，喊刘备伯父，这亲就认定了。之后，为了防备袁绍，刘备关羽便决定继续赶路，关平也跟随一行人前往。

众人经关羽建议之后，向卧牛山一路前行。结果，刚走了没多久，就看见周仓带着十几人过来，而且都受了伤。关羽向刘备介绍，然后问他是怎么受伤的。原来，周仓还没有到卧牛山的时候，就来了一个骑马而来的人挑事，杀了裴元绍，并且将兵士收服还占领了寨子。等到周仓过去时，大多数人都不敢前行，只有这十几个人愿意跟随周仓，周仓气愤不已，便与那人打斗，没想到却不敌受伤，便成了这样一幅光景。刘备询问那人的样子，周仓却只知道身材魁梧，并不知道叫作什么。关羽听后，立刻上马，刘备紧随其后，一行人来到了卧牛山。一到卧牛山，周仓便大喊着让那人出来，当那人全副武装出来的时候，刘备一看，便认出了他，大喊了一声："赵子龙！"只见赵子龙看见刘备，便一下从马上摔落下来。原来赵子龙与刘备别离之后就跟随在公孙瓒身边，但是，这个公孙瓒是个不听人言的人，最后落了个兵败自杀的下场。后来袁绍找他，他又嫌袁绍根本就不会用人便拒绝了。而想要去找刘备的时候，却听到徐州沦陷，而关羽又投降了曹操，刘备前去袁绍那里。碍于袁绍，赵子龙便不知去往何处，四处游荡，直到前几天遇到裴元绍，霸占了卧牛山，才有了落脚处。他本想要再次去找张飞，却幸运地在这里遇到了刘备。而刘备对赵子龙也是欣赏不已，两人再次相遇也是机缘巧合，赵子龙决定跟随刘备前行。

关羽、刘备一行人顺利到达古城，与张飞、二糜兄弟见面之后，各自说了自己的遭遇，而两位嫂嫂也把关羽的事情全部告诉了刘备，刘备听后激动不已，内心也更是感动，立刻让人准备宴席，奖励各位将士们。而现在刘备几个兄弟得以再次相聚，而又有了赵云、关平等得力人才，更是欢欣无限，关羽也是如此，几人高兴地大肆畅饮几天几夜。

第三章

新野鏖兵

　　诸葛亮先命关羽带一千人到白河上游埋伏，各人带布袋，装沙土，挡住白河的水，等到第二天三更以后，只要听到下游人喊马嘶，便放水来淹曹军，并带兵顺水杀奔下来。其次，又命张飞，"带一千人到渡口埋伏，等曹军被淹以后，可以乘机杀来。"

徐庶荐贤

　　刘备、关羽、张飞在汝南招兵买马，趁着袁、曹两家征战之时，乘机突袭许都。不想却在中途遭遇曹军，被杀得只剩下不到一千人马。

　　几经周折，刘备如丧家之犬，逃到荆州依附刘表，被刘表派往新野驻扎。刘表的大舅子蔡瑁对刘备始终心怀顾忌，把刘备看作眼中钉、肉中刺，欲除之而后快。于是设下"鸿门宴"，意欲加害刘备。刘备跃马檀溪，总算逃得一命。

　　刘备在新野县一边训练士兵，一边访问贤才。一天，他去樊城（今湖北襄阳市内）见刘沁，遇到了刘沁的外甥寇峰，刘备心生喜爱便收其作为义子，并改名为刘封。但是关羽却不怎么同意，刘备已经有了儿子，再来一个义子可能会有麻烦。而刘备却反驳说，他好好对待刘封，而刘封一定也会像对待他父亲一样来报答我，关羽却依旧不怎么开心。

　　在新野，刘备得到了贤士徐庶，很欣赏他的才华，便拜他做了军师。这时正赶上曹操派夏侯惇、于禁带领三万兵马杀奔新野来了，徐庶利用诱敌深入之计，使曹军几乎全军覆没。镇守樊城的曹洪不服气，带兵前来报仇，摆了个八门金锁阵。谁知徐庶不但轻而易举破了阵，还略施小计，连曹洪的老窝樊城也端了。两仗下来，徐庶的大名就威震曹营了。

刘备一生还没有打过如此漂亮的仗，对徐庶信服得五体投地，大宴三天为徐庶庆功。徐庶诚心诚意地说："我这点本事算不了什么。荆州比我高明的人还多着呢！襄阳城西的隆中山，就有一位高人隐居在那里，人称'卧龙先生'。"

刘备兴冲冲地问："这位'卧龙先生'，比军师如何？"

徐庶说："他平时自比管仲、乐毅，依我看，他可以比作兴周八百年的姜子牙，旺汉四百载的张子房。"

刘备一听，又惊又喜，忙对徐庶说："此地有这样的高人，我哪敢错过？烦劳军师辛苦一趟，把'卧龙先生'请来一聚吧！"

徐庶摇摇头说："真正的高人，只能诚心礼聘，不能言语召唤。如果主公想见他的话，应该亲自去才行，至于他肯不肯出山辅助主公，那就要看您的诚意和造化如何了。"

刘备一想，此言有理，他当即决定亲赴隆中礼聘诸葛亮。刘备之所以如此求贤若渴，是有他深刻的政治原因的。在当时军阀割据势力中，刘备名声很大，实力却很小。刘备的远祖是西汉景帝刘启的儿子中山靖王刘胜。刘备虽身为这支皇族的后代，但当时也穷得靠卖草鞋、编草席过日子。

在镇压黄巾起义时，刘备结识了关羽、张飞等勇士，组织了一支军队。后来，刘备又同吕布、袁术、曹操等人争夺徐州。但是，由于他的力量太小，又缺乏得力的智谋之士辅佐，所以始终没有自己的地盘，一直被各派军阀追赶得东奔西逃。他先后依附于公孙瓒、陶谦、曹操和袁绍，袁绍被曹操打败后，他又南逃到荆州投靠刘表。刘表嫌他名气太大，对自己不利，便把他派到新野这个小地方，让他防备曹操南下。

刘备回顾十多年来节节失利的情况，逐步认识到，要改变被动挨打的局面，必须取得固定地盘，并招纳天下各方人才，唯有这样才能站稳脚跟，有所发展。

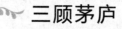

三顾茅庐

徐庶在庆功宴上推荐诸葛亮后，急忙写了一封详尽的书信，派人连夜送往隆中。

刘备尝到了启用人才的甜头，求贤的心情更迫切了。第二天一早就带上关羽和张飞骑马离开新野，往隆中山而来。

刘备转了几个弯子进入隆中山以后，就听一个农夫在田中唱道："苍天如圆盖，陆地如棋盘。世人黑白分，往来争荣辱。荣者自安安，辱者定碌碌。南阳有隐居，高眠卧不足！"

刘备上前问那农夫，"此歌是谁所作？"农夫说是"卧龙先生"。

刘备对"卧龙先生"更感好奇，马上问明地址，策马来到诸葛亮隐居的草庐。刘备亲自叩动门环。许久之后才有人来开门，是诸葛亮的书童诸葛子青。刘备温和地问道："我是刘备，特来拜见'卧龙先生'。"

诸葛子青道："'卧龙先生'一早就出去了。"

刘备忙问："先生到何处去了？"

诸葛子青回答说："行踪不定，不知何处去了。"

刘备问："什么时候回来？"

诸葛子青道："归期也不定。"

刘备听他这么一说，深感惆怅，想等上一会儿，关羽、张飞则劝他先回去。刘备只得上马下山。行了几里路，三人勒马回望隆中景物，真是"山不高而秀雅，水不深而澄清，地不广而平缓，林不大而茂盛"，确实是一个藏龙卧虎之地。这时，他们忽然看见一个身穿帛布袍、头戴逍遥巾，气宇不凡的人拄杖迎面而来。刘备心想："看样子这一定便是卧龙先生。"便忙上前施礼道："先生可是'卧龙先生'吗？"

那人问道："将军是谁？"

刘备毕恭毕敬地说："我是刘备，专程从新野来拜见'卧龙先生'。"

那人听罢，施礼道："我是'卧龙先生'的朋友崔州平。"

刘备忙抱拳道："久闻大名，幸得相遇！先生能否席地而坐，我想请教一言。"

崔州平坐下后问道："将军有何事非要见'卧龙先生'？"

刘备说："如今天下大乱，百姓受苦，我想向'卧龙先生'求教治国安邦的大计。"

崔州平一听，哈哈大笑起来："天下大势，分久必合，合久必分，这是天意，人岂有回天之术。谈何容易！"

刘备还想说什么，崔州平起身道："山野村夫，枉谈天下之事。"

刘备忙道："但不知'卧龙先生'往何处去了？"

崔州平说："我也正想访他，不知往何处去寻。他日再见吧。"说罢，便扬长而去。

刘备一行走后，诸葛亮与几位好友回到草庐碰头，听诸葛子青和崔州平详细叙述了对刘备三人的印象，认为他宽厚、平易、仁德、谦恭。诸葛亮拿定主意，决定出山辅助刘备。他的决定得到了家人的一致赞成。

秋去冬来，天冷了。徐庶一面加紧练兵，一面让刘备招兵买马，并根据诸葛亮天下三分的理论，极力劝刘备早日夺取荆州。可刘备总是因同刘表是兄弟、不愿忘恩负义而下不了决心。这时，刘备接到探报，说"卧龙先生"已回隆中，他忙唤来二弟关羽和三弟张飞，出发再上隆中。

没走多远，下起了大雪，天变得冷极了。张飞使劲搓着手，嚷嚷道："大哥，天寒地冻的，连仗都打不成，还有必要跑这么远去见一个没有用的人吗？不如回新野避避风雪吧！"

刘备耐心地开导张飞说："三弟，大丈夫死都不怕，还怕风雪吗？我们冒雪前往，正好能让'卧龙先生'知道我的诚意。"兄弟三人进了隆中山，听见路旁酒馆中有人击桌而歌，刘备以为是'卧龙'，便下马入店，探知店中歌唱二人原来是卧龙之友石广元和孟公威。刘备于是出来上马，直奔卧龙冈，来到茅庐前。

诸葛子青开了门。刘备问："先生今日在庄上吗？"

诸葛子青道："正在堂上读书。"

刘备大喜，便跟着诸葛子青走了进去。到了中门，只见门上大书一副对联："淡泊以明志，宁静而致远。"刘备环顾四周，见堂上一位少年正拥炉抱膝吟歌。刘备待他吟完，才跨进屋施礼道："备久慕卧龙先生大名，早想与先生相见，只恨没有机会。前时我已拜访过一次，可惜没遇到先生。今日特冒风雪至此，见到先生，真是万分荣幸！"

那位少年一见，慌忙答礼道："将军，我是诸葛钧，诸葛亮乃是我二家兄。"

刘备便问："那'卧龙先生'今日在吗？"

诸葛钧说："昨天被崔州平不知请到何处去闲游了。将军还是坐坐喝杯茶吧。"

刘备叹口气道："我真是没有福气，两番不遇大贤。"

这时张飞在一旁忍不住道："先生既然又不在，还是请哥哥上马回去吧。"

刘备说要写几句话留给诸葛亮。写罢，交与诸葛钧，说他日再来，便拜辞出门回新野了。

兄弟三人离开茅庐正往前行走，忽见前面小桥上一人骑驴而来。刘备以为是卧龙归庐，连忙上前施礼。来人告知自己是诸葛亮的岳父黄承彦。刘备忙上前施礼问道："您老可曾见到令婿？"

黄承彦道："怎么？他不在，我也是来看他的。"刘备只好辞别，失望地回新野去了。

对于刘备两次来访诸葛亮的事，庞德公、黄承彦和司马徽三位老先生都给予了很高的赞誉。诸葛亮也已下定决心出山，辅佐刘备重兴汉室，建功立业。黄承彦拿出一把羽扇赠给他，扇正面写有"治国安邦"，背面书有"指挥若定"。黄承彦语重心长地叮嘱道："贤婿，你能做到这八个字，也就不负我们的一片苦心了。"

却说曹操在许昌，将徐庶的母亲囚禁起来，又模仿徐母的笔迹写了一封劝降信，令人带到新野捎给徐庶，信中说，如果徐庶不到许昌去，他的母亲就活不了了。为尽孝道，徐庶挥泪辞别了刘备。到许昌见到母亲，徐庶方知中了曹操的计。自古忠孝难以两全，徐母不愿儿子为了她而弃明投暗，上吊自缢了。徐庶将母亲葬在许昌南原，凡是曹操所赐之物，他一概不予接受，并发誓："身在曹营，不进一言，不献一计。"

徐庶走后，刘备请诸葛亮出山的心情就更迫切了。时光如梭，转眼冬去春来。刘备选择吉日，斋戒三天，沐浴更衣，准备再往隆中拜谒诸葛亮。

关羽不高兴地说："哥哥已经两次亲自拜访他，礼节已经过分了。我看他是徒有虚名才避而不见，哥哥何必被他迷惑呢？"

刘备不以为然地说："古时候，齐桓公去看一个贤士，跑了五趟才得见一面。我如今不但没有齐桓公的地位，而且连个立足之地都没有，还摆什么架子呢？我之所以一而再、再而三地拜访他，是因为他是位大贤。"

张飞生气地说："一个山野村夫，算得上什么大贤？用不着哥哥亲自出马，待我用一根绳子将他绑来就是。"

刘备生气地训斥张飞，说："这次你别去了，我与关羽去。"

二人没办法，只得依了刘备。

三人骑马带领随从来到隆中，离草庐半里之外，正遇上诸葛钧。刘备连忙施礼问道："令兄今日在吗？"

诸葛钧说："昨天晚上才回来，将军今天可与他见面了。"说完，飘然而去。

三人便来到庄上叫门，诸葛子青来开门。刘备道："有劳仙童转报，刘备专程来拜见先生。"

诸葛子青道："先生今日虽在家，但此时还在草堂里睡觉尚未起身。"

刘备道："既然是这样，就暂且先不要通报。"于是吩咐关羽、张飞二人在门口等着。

刘备慢慢走进去，只见诸葛亮正仰卧在草堂床席之上酣睡，他便站在阶下等候。可等了半天，诸葛亮也没有醒。关羽、张飞二人在外等得不耐烦了，便走进来一看，刘备还站在那里。张飞来了怒气，对关羽说："这个人如此傲慢无礼，我要到屋后去放一把火，看他起不起来！"关羽忙使劲劝住。刘备命他二人出去等候。再往草堂上望时，见诸葛亮翻了个身，好像要起来，却是又朝里面壁睡去了。诸葛子青这时想去叫醒诸葛亮，刘备忙拦住道："且勿惊动。"

又立了一个时辰，诸葛亮终于醒了，口中吟道："大梦谁先觉？平生我自知。草堂春睡足，窗外日迟迟。"

诸葛亮吟罢，翻身问诸葛子青："有客人来吗？"诸葛子青回道：

"刘备在此立候多时了。"

诸葛亮一听，忙起身道："为何不早告诉我？请等我换换衣服。"便转入后堂去了，半天才出来迎客。刘备这时见诸葛亮，身长八尺，面如冠玉，头戴纶巾，身披鹤氅，飘飘然有神仙之气，不由得心折不已，当即上前施礼。

这一年，是建安十二年（207年），二十七岁的诸葛亮和四十七岁的刘备第一次见了面。

以上"三顾茅庐"的情节是根据《三国演义》和民间传说整理而成，历史上对这一事件的描述仅"凡三顾"几个字而已，具体情形已无从得知。但有一点可以肯定，刘备与诸葛亮相见的这一天，是他们携手共同创业的开始。

隆中献策

诸葛亮对刘备几次避而不见，已经试出刘备确实是一个宽厚大度的政治家，对今后的合作也充满了信心。在他的茅庐里，他与刘备纵论天下大势，为刘备指明了今后发展的道路。这就是著名的"隆中对"。

诸葛亮说："自从董卓乱政以来，豪杰并起，雄踞一方，势力跨州连郡者亦不可胜数。先说北方的曹操，他和袁绍相比，名望低微，势单力薄。但他最后却能战胜袁绍，由弱变强，这不仅是由于客观形势有利于他，也是他主观努力的结果。如今，曹操已经拥有百万兵众，又有挟天子以令诸侯的政治优势，此时与他争雄显然是不明智的。"

他见刘备边听边赞许地点头，又继续说道："孙权占据江东，已经经历了孙坚、孙策、孙权三世雄主。那里地势险要，民众归附，贤能之人尽展其才，因此，只可与他联合而不能谋取他。"

刘备听到这里，不禁想到："我们的立足之地在哪儿呢？"

诸葛亮似乎看出了他的心思，接着说："荆州这个地方，北有汉水、沔水，南可达于南海，东可连接吴会，西则通往巴蜀。这是一个战略要地，而它的主人刘表却没有能力将其守住。这恐怕是天赐给您的宝地，不知将军对它有意没有？还有益州这个地方，地理险要，沃野千里，乃是天府之国。当初汉高祖刘邦就靠此地成就帝业。如今它的主人刘璋昏庸无能，又有张鲁在北边与他分庭抗礼。那里民多地富而刘璋却不知道如何治理，以使百姓安居乐业，因此，那里有眼光有才能的人都希望得到一个明主。"

诸葛亮的这段分析，就是告诉刘备，欲求发展，兴复汉室，荆州、益州是必先占领的根据地。最后，诸葛亮完整地总结了他为刘备设计的统一天下路线。他说："将军既是皇室的后代，信义又传遍天下，广泛地罗致英雄，渴求贤才，如果能占有荆、益二州，守住险要的地方，同

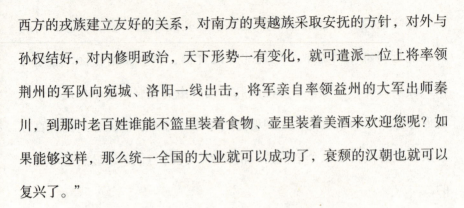

西方的戎族建立友好的关系，对南方的夷越族采取安抚的方针，对外与孙权结好，对内修明政治，天下形势一有变化，就可遣派一位上将率领荆州的军队向宛城、洛阳一线出击，将军亲自率领益州的大军出师秦川，到那时老百姓谁能不篮里装着食物、壶里装着美酒来欢迎您呢？如果能够这样，那么统一全国的大业就可以成功了，衰颓的汉朝也就可以复兴了。"

刘备听了诸葛亮对形势如此透彻的分析，不断点头称是。

诸葛亮分析完天下大势，叫童子拿出一幅地图，挂在堂屋中间，指给刘备说："北边有曹操，南边有孙权，将军可以先拿下荆州，作为自己的立脚点，再扩展益州做基础，这就可以形成三国鼎立的局面，将来再谋取统一天下。"

刘备听到这里，连忙起身拜谢说："先生说的话，好像使我拨开了天空的乌云，看到青天一样。但是荆州刘表、益州刘璋，都是同姓亲属，皇室后代，我怎能争夺他们的地方呢？"

诸葛亮说："刘表年老力衰，不久就会去世；刘璋软弱无能，守不住祖业。这些疆土日后一定会属于将军您的。"

刘备听诸葛亮这么一讲，马上拜倒在地，请求他出山帮助。诸葛亮没有答应。刘备哭着说："先生如果不肯相助，对百姓也说不过去。"说着，眼泪已流湿了衣裳。诸葛亮看他这样诚心，只好答应出山。刘备非常高兴，连忙招呼站在门外的关羽和张飞，进来拜见诸葛亮，并献上金银绸缎等礼物。诸葛亮坚决不肯收下，刘备再三解释说："这不是聘礼，只是表达我的一番心意。"诸葛亮这才勉强收了下来。

忠义神勇 关羽

刘备等人当晚在草屋里住了一宿。第二天，诸葛钧回家，诸葛亮关照说："刘备三次拜访，我不能不去帮助。你仍在家里耕田种地，不要让田地荒芜。等我事情办成，马上就回来隐居。"

诸葛亮向诸葛钧告别以后，便和刘备等一起回到新野。从此，刘备和诸葛亮两人相处非常亲密，经常一道吃饭，一道议论天下大事。

明主贤臣，刘备三顾茅庐，终于如愿以偿了。

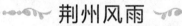

荆州风雨

荆州北据汉沔，东连吴会，西通巴蜀，是兵家必争之地。东汉末年的荆州，下辖九个郡，相当于今天的湖北、湖南全部，甚至包括四川、江西、河南一部分。

刘备若得到荆州，就可以从荆州和益州夹击中原，实现"兴复汉室，还于旧都"的目标。孙权若得荆州，便可依长江天险，鼎足于江东，抗衡曹操，进而谋取天下。曹操若得荆州，便可雄踞江东上流，乘长江而下，吞灭孙吴，一统天下。

在中原混战的时候，荆州不是争夺的中心，暂时得到了安宁。但是建安八年（203年）以后，荆州的天空开始出现乌云。

官渡之战后，袁绍于建安七年（202年）忧愤而死。他有三个儿子：袁谭、袁熙、袁尚。袁绍生前对三个儿子作了安排，小儿子袁尚，因受后妻刘氏之宠，袁绍把他留在自己身边，打算让他继承自己的位置。长子袁谭，被派出去任为青州刺史。二子袁熙，被任为幽州刺史。外甥高干，被任为并州刺史。对于这样的安排，谋士沮授认为不妥，他谏劝说："世称万人逐兔，一人获之，贪者悉止，分定故也。谭长子，当为嗣，而斥使居外，祸其始此矣。"对沮授的劝告，袁绍并没听进去。袁绍死后，众人都认为袁谭身为长子，当继承袁绍。袁谭自己也认为理当如此，赶回来继位。袁绍的老部下逢纪、审配、辛评、郭图分为两派，逢纪、审配不满于袁谭，辛评、郭图则依附于袁谭。逢纪、审配二人怕袁谭继位于己不利，便抢先假造袁绍遗书，拥立袁尚为嗣。待袁谭赶回，木已成舟，无法改变，便自称车骑将军，屯兵黎阳（治今河南浚县西南）。从此，兄弟二人矛盾加深。

袁谭、袁尚兄弟不和，给曹操北平冀州造成机会。建安七年（202年）九月，曹操出兵攻打袁谭，大兵压境，反倒促成了二袁暂时的联合。袁尚率大兵援助袁谭，与曹军一直对峙到建安八年（203年）。这时，曹操的谋士郭嘉献计说："袁绍爱此二子，莫适立也。有郭图、逢纪为之谋臣，必交斗其间，还相离也。急之则相持，缓之而后争心生。不如南向荆州若征刘表者，以待其变；变成而后击之，可一举定也。"曹操接受了郭嘉的建议，撤兵回许昌。

建安八年八月（203年），曹操南征荆州，屯军于西平（今河南西平）。

北面曹操虎视眈眈盯着荆州，东面的孙权已经对荆州采取了行动。

建安五年（200年），孙策第二次攻伐黄祖，实际上是向荆州拓展势力。孙权继位掌管江东，张昭、周瑜等人认为孙权是可成大事之人，委心而服事之。孙权待张昭以师傅之礼，又命周瑜、程普、吕范等人为将帅，"招延俊秀，聘求名士，鲁肃、诸葛瑾等始为宾客"。鲁肃初见孙权，即建议他"剿除黄祖，进伐刘表，竟长江所极，据而有之，然后建号帝王以图天下"。孙权当时表示："今尽力一方，冀以辅汉耳，此言非所及也。"孙权虽然这样说，但并非不想占据荆州，只是觉得江东尚未巩固，进兵荆州是下一步的事。经过几年的时间巩固江东以后，孙权便开始实施鲁肃的建议。

建安八年（203年），孙权出兵，西伐荆州夏口（今湖北武汉）守将黄祖。这一仗，大破黄祖水军，但还没有攻破夏口城，因后方山越反叛，孙权只好回军。

建安十二年（207年），孙权再次西击黄祖，掳掠百姓而还。

建安十三年（208年），黄祖下属甘宁投奔孙权，促使孙权下决心再一次大规模征伐黄祖。

对于孙吴的进攻，黄祖做了比较充分的准备。他在沔口设下两只蒙冲大舰，用两条粗大的棕榈绳各系一块巨石沉入江底。把两条大舰牢牢固定住。每条大船上放置千名弓弩手，乱箭齐发，飞矢如雨，犹如两扇紧闭的大门，使吴军不能通过沔口。吴国前锋大将董袭和凌统，各领百名敢死队员，每人身穿两层铠甲，乘大舸船冲进去，逼近蒙冲大舰。董袭挥刀接连砍断两条棕榈绳，使两条蒙冲大舰失去了根基。两条大船如大门离开枢轴，失去了防卫功能，吴国水军一下涌进来。黄祖忙令都督陈就率水军迎战，吴平北将军吕蒙一马当先，斩杀陈就。黄祖见大势已去，开门逃走，被骑士冯则赶上，一刀杀死。这一仗，孙权大获全胜，不但杀死了黄祖，还掳掠民众数万人。

北方的曹操，东面的孙权，都对荆州虎视眈眈，志在必得。他们对荆州所采取的军事行动，虽未对荆州造成致命摧毁，但分明让人感到了急风暴雨来临前夕的阵阵凉风。

那么荆州内部是什么情况呢?

荆州内部的危机，表现为三种矛盾：刘表家族内部的矛盾、刘表政权内抗曹派和降曹派的矛盾、荆州境内的主客矛盾。

刘表家族内部的矛盾，主要指他的两个儿子刘琮、刘琦争夺继承权的斗争。刘表政权内抗曹派和降曹派的矛盾，主要指刘表自保荆州的主张与其臣下投降曹操主张的分歧。荆州境内的主客矛盾，主要指刘表集团与客居荆州的刘备集团的矛盾。这三种矛盾并非彼此孤立，而是互相交叉，互相作用，缠绕在一起的。

先看刘表家族内部的矛盾。

刘表有两个儿子，长子刘琦，次子刘琮。开始，刘表很喜欢刘琦，不仅因为他是长子，而且因为他长得很像自己。但是，自从次子刘琮成亲以后，刘表爱子的天平渐渐地偏到了刘琮一边。原来，刘琮所娶之妻，是刘表后妻蔡氏的侄女。因为这层关系，蔡氏想让刘琮取代刘琦的位置。她多次对刘表说刘琦的坏话，还联合蔡瑁、张允等向刘表进谗言。这三个人都是荆州政权中举足轻重的人物。蔡氏是刘表的妻子，蔡瑁是刘表的妻弟，张允是刘表的外甥。他们三个人一齐讲刘琦不好，渐渐地，刘表就信以为真了。蔡氏不喜欢刘琦，除了刘琮的关系外，恐怕还与刘琦的政治态度有关。蔡氏是属于亲曹派，蔡瑁年少时就和曹操关系很好。

而刘琦却不同，他作为刘表的长子、荆州未来的首领，是坚持父亲自保荆州方针的。刘琦非常器重诸葛亮，因为诸葛亮是坚决的反曹派，从刘琦与诸葛亮的关系，可以看出刘琦反对亲曹的政治态度。在这点上，刘表家族内部的矛盾又与荆州内抗曹和降曹派的矛盾相互纠缠着。

刘琦日益被刘表疏远，心内非常不安，便找诸葛亮请求自安之术。开始，诸葛亮只是搪塞应付，并未认真给他出主意。诸葛亮这样做，并不是对刘琦不负责任，而是认为对这件事的处理须谨慎。此时诸葛亮已经加入刘备集团，他认为，刘琦之事若处理不好，不但害了刘琦，而且会使刘备集团受到影响。他在琢磨着既不使荆州当局疑心，又能保证刘琦的安全，同时又对刘备集团有利的办法。

刘琦见诸葛亮迟迟不为自己出主意，心中暗暗着急。有一天，刘琦又邀请诸葛亮到他府上去做客。诸葛亮知道刘琦又要向自己讨求安身的办法了。此时，诸葛亮已经想好了一条三全其美的办法，便接受了刘琦的邀请，来到他家。刘琦把诸葛亮带到后园，此地非常僻静，除了看园的家丁绝无他人。在后园内，有一座小阁楼，二层楼上，刘琦早已摆好了一桌宴席。二人来到楼上，边饮边谈。突然，阁楼的梯子被刘琦的下人搬走，楼上只剩下刘琦、诸葛亮二人。诸葛亮忙问为何，刘琦说："是我让他们这样做的。现在我们上不着天，下不至地，旁无他人，言出您口，入于我耳，总该说说您的主意了吧？"诸葛亮微微一笑，说：
"主意倒是有，不过你先得听我讲一个故事。"刘琦忙说："我洗耳恭
听。"

　　诸葛亮不慌不忙，讲起了春秋时发生在晋国的一段故事：

　　晋献公攻打骊戎时，娶了一个名叫骊姬的女人。在此之前，晋
献公已经有了几个儿子：太子申生，公子重耳、夷吾。后来骊姬也生
了个儿子，名叫奚齐。骊姬为了让奚齐能被立为太子继承王位，便阴
谋设计陷害申生和其他几位太子。有一天，骊姬对申生说："你的
父亲梦到你的生母齐姜了，你得赶快祭祀她。"申生很孝顺，便回到
自己的封地祭祀母亲。祭祀完毕，申生又把祭祀用的酒肉拿回来献
给父王。此时，晋献公外出打猎未归，骊姬便把酒肉收下，代为送
达。申生走后，骊姬却往酒里肉里都渗了毒药。晋献公回来后，骊
姬假意献酒，故意让酒洒在地上，剧毒掉在地上，立刻起了反应。
骊姬假惺惺地说："酒里有毒，肉里也一定有问题。"便让狗吃了
一块肉，狗也当场毙命。晋献公勃然大怒，下令逮捕太子申生。骊姬
又添油加醋，说其他公子也参与了此阴谋。晋献公下令把重耳、夷吾
也一起逮捕。有人劝申生向晋献公揭穿骊姬，或者逃出晋国，都被申
生拒绝。最后申生自杀，而重耳等人却跑到国外，过起流亡生活。
故事讲到这里，诸葛亮突然问刘琦："你知道为什么申生死了，而重耳
却活下来了？"刘琦没有回答，他想听听诸葛亮的高见。诸葛亮见刘琦
不答，便说道："君不见申生在内而危，重耳在外而安乎？"

　　刘琦恍然大悟，诸葛亮哪里是在讲故事，分明是在给自己出主意。

忠义神勇 关羽

他决意离开襄阳，离开这权力斗争的中心。送走诸葛亮，他来到父亲刘表处，要求外出任职。正巧黄祖刚死不久，刘表便让刘琦担任江夏太守。不久，刘琦离开襄阳，到江夏（今湖北武汉市江夏区）任职去了。

诸葛亮为刘琦出此计策，一方面是解刘琦之危，另一方面也是为了刘备集团的利益。他知道，在刘表集团内，主张投降曹操的人不在少数。刘表体弱多病，万一荆州有变，刘备的抗曹将与当局的降曹相冲突，到那时，刘琦的江夏郡还可以作为一块立足的根据地。从这方面讲，刘表宗室内部的矛盾又和荆州内的主客矛盾相纠缠着。

荆州内部的第二个矛盾是抗曹派和降曹派的矛盾。刘表是不主张降曹的。他苦心经营荆州十九年，把它变成地方数千里，带甲十余万的小王国，可以说，这是他一生的心血，一生的成就。他怎能轻易拱手让人！早在曹操屯军西平，兵临荆州时，刘表就表示了他不轻易投降的态度。他认为曹操之所以兵临荆州，是由于袁尚、袁谭兄弟不合作抗曹，致使曹操无后顾之忧的缘故。所以，他分别写信给二袁，晓以利害，喻以大义，企图说服二人和好，与自己结成抗曹联盟。

刘表苦口婆心，与其说是在挽救二袁的昆仲之谊，不如说是在挽救荆州。他的目的是在自己抗御曹操的进攻时，能得到二袁的外线配合。

在刘表政权内，主张抗曹保荆的还有一些人。例如大将王威，在刘表已死，刘琮降曹，刘备败走之时，仍向刘琮建议说："曹操闻将军既降，刘备已走，必懈弛无备，轻行单进。若给威奇兵数千，徼之于险，操可获也。获操，即威震四海，非徒保守今日而已。"又如刘表大将文聘，在外据守汉川。刘琮降曹，令文聘与他同降，文聘拒绝说："聘不能全州，当待罪而已。"

然而，在刘表政权内，主张降曹的人也不少，而且他们中许多人都是举足轻重的人物。早在袁绍、曹操在官渡对峙时，从事中郎的韩嵩、别驾刘先就对刘表说："夫以曹公之明哲，天下贤俊皆归之，其势必举袁绍，然后称兵以向江汉，恐将军不能御也。故为将军计者，不若举州以附曹公，曹公必重德将军，长享福祚，垂之后嗣，此万全之策也。"就连协助刘表开创荆州的蒯越，此时也劝刘表投降曹操。后来，刘表派韩嵩到曹操那里探察虚实。不料韩嵩回来后，盛称曹操威德，并劝刘表送儿子到曹操那里为人质，以表示对曹操的忠诚。对于韩嵩的过分举动，刘表勃然大怒，要把韩嵩杀掉。这时，刘表的夫人蔡氏出来讲情，她说："韩嵩，楚国之望也，且其言直，诛之无词。"其实，蔡氏为韩嵩讲情，恐怕不仅仅是因为他是"楚国之望"，更主要的是韩嵩对曹操的态度与她相同。

建安十三年（208年），刘表病重，刘琦听说后，立即从江夏赶回来探视。蔡氏、蔡瑁、张允等人知道刘琦性慈孝，害怕他们父子相见后感动刘表，使刘表把后事托给他，便定计阻挠刘琦与其父见面。蔡瑁、张允在门外拦住刘琦对他说："将军命你在江夏守住荆州东门，这是非常重要的任务。而你现在擅自离开重地回来，将军知道必怒责于你。惹父亲不高兴而加重他的疾病，恐怕不是孝敬的行为吧。"

刘琦无奈，只好流着泪返回江夏。这件事表明，荆州政权内的降曹派已牢牢地控制了政局。

荆州内部的第三种矛盾，是主人刘表集团与客居的刘备集团的矛盾。

刘备寓居荆州，是准备干一番事业的。他要兴复汉室，建立霸业，绝不会投降曹操。在不投降曹操这点上，刘表与刘备是一致的，他把刘备安置在新野，就是想利用他的力量抗击曹操。为了抗曹，刘表不但给刘备增兵，还不得不允许刘备在不影响荆州本土利益的情况下扩大自己的实力。据记载，诸葛亮曾劝刘备，在取得刘表的赞同下，可招集荆州的游民以扩充部众。

刘备初屯樊城时，众不过数千，但当曹军攻下荆州，刘备从樊城撤离时，仅关羽所统的水军就有"精甲万人"。看来，刘备在樊城期间，军事实力确实得到了增强。

刘表虽然没有阻止刘备扩军，但并不意味着对刘备持信任态度，恰恰相反，刘表对这个客居的同姓人是很不放心的，特别是当他看到荆州人士很多人都依附刘备时，对刘备的戒心就更大了。他把刘备从新野调到樊城，就是把他放到自己的眼皮底下，以便于监督和控制。后来，刘表病重，把刘备叫到病榻边说："我儿不才，而诸将零落，我死之后，卿便摄荆州。"刘表这番话并非他的本意。试想，他那么喜欢刘琮，不惜舍长立幼，又怎能甘心让一个外来者取代爱子呢？刘表的本意一是试探一下刘备有没有夺取荆州的野心，二是拉拢一下刘备的感情，让他好生辅佐自己的儿子。

如果说刘表与刘备的矛盾还处于隐蔽状态，那么刘表政权中降曹派与刘备集团的矛盾则尖锐到了剑拔弩张的程度。

刘备在樊城时，曾出席刘表举行的宴会。而刘表手下的蒯越、蔡瑁二人打算乘宴会杀掉刘备。刘备察觉后，假称去厕所，借机溜走。刘备所骑之马名曰"的卢"，由于走得匆忙，连人带马掉到襄阳城西的檀溪中，情况十分危险。刘备急了，喊着他的马说："的卢，今天的安危全靠你的努力了。"说完猛一夹马肚子。那马似乎听懂了主人的话，猛地一跃，窜出三丈，带刘备脱出险境。蒯越、蔡瑁是降曹派的首领，他们对刘备的仇视，恐怕不仅仅由于主客矛盾，当与刘备坚决抗曹的态度有碍于他们降曹有关。

山雨欲来风满楼，荆州已处于危险之中。

大败夏侯惇

建安十三年（208年）七月，曹操在平定了袁氏残余，解除了乌桓威胁之后，踏上了南下的征程。因为他知道，若不急取荆州，恐怕这块战略要地将落入他人之手。形势紧迫，时不我待。

曹操率领数十万大军下江南时，初到刘备军中的诸葛亮到底起了什么作用？由于史料记载有限，现在已难详尽知道，只能根据有关资料进行推测。

有一点是可以肯定，诸葛亮受到了刘备充分的尊重。刘备对待诸葛亮，看作老师一般。关羽、张飞对此曾一度很不高兴，有一次还向刘备表示："诸葛亮年纪轻，有什么才学？大哥待他太过分了，又没有见过他真实的本领如何。"

刘备说："我得到诸葛亮，好像鱼得到水一样。两位贤弟不要再说这样的话。"

关羽、张飞两人听了，默不作声地走开。一天，有人送了牛尾过来，刘备闲来无事便用牛尾结帽。诸葛亮见了，严肃地指出，"将军没有远大的理想，干干这些事情就算了吗？"

刘备非常感动，扔下帽子，道谢说："我只是借这个解解烦恼罢了！"自此，他专心于公务，放手让诸葛亮训练新兵，准备迎接未来的战争。

操练不久，忽然有人报告说："曹操手下大将夏侯惇带了十万人马，杀奔新野来了。"张飞听了便对关羽表示："可以叫诸葛亮上去迎击敌人。"正在谈话之间，刘备召集他们进去谈话。刘备说："夏侯惇带兵到此，怎么迎敌？"张飞说："哥哥何以不叫诸葛亮去？"刘备说："定计要靠诸葛亮，作战要靠二位贤弟，怎可推诿？"关羽、张飞出去以后，刘备请诸葛亮商议。诸葛亮说："恐怕关羽、张飞两人不肯听我号令，将军如要我指挥，请给我宝剑印信。"刘备照办了。

诸葛亮立即召集众将领听从指挥。张飞对关羽说："咱们暂时先听他的，看他有什么好办法能一举打退曹兵。"诸葛亮发布命令说："博望的左面有座豫山，右面有座安林，两处可以埋伏兵马。关羽带五百人到豫山去埋伏，等曹兵来，先放他们过去，不要作战。曹兵的辎重粮草，必然放在大队人马后面。但看南边火起，就拦腰一击，劫他的粮草。张飞带一千人到安林背后的山谷中埋伏，只看南边火起，就可以向博望城贮藏粮草处放起火来。关平、刘封可以带五百人，预备引火材料在博望坡后面两边等候，等到曹兵来时，就可以放火。"

诸葛亮接着又命令从樊城调回赵云，在阵前正面迎敌，不要赢，只管输。布置停当，他又对刘备说："主公可带一队人马做后备。"最后，诸葛亮严肃地对众人说："各位要按照命令做，不得有误，违令者斩。"关羽说："我们都出去迎敌，不知军师做什么事。"诸葛亮说："我在这里守着县城。"张飞大笑："我们都去上战场，你却在家里坐着，好舒服。"诸葛亮说："剑印在这里，不服从的斩。"刘备说："你们不曾听到过，运筹帷幄之中，决胜千里之外吗？二位贤弟不可违背命令。"张飞冷笑着走出营帐。

关羽说："我们且看他的计谋对不对，到那时再问他不迟。"其他大将都不了解诸葛亮的计谋到底如何，虽然听了命令，却也都疑惑不定。诸葛亮对刘备说："主公今天可以带兵在博望山下驻扎。明天傍晚时候，敌军必然会到，主公可以抛弃营盘逃走，但见火起，就回头大杀一阵。我和糜竺、糜芳带五百人守住县城，关照孙乾、简雍准备酒席，摆好功劳簿，等候胜利会师。"诸葛亮初次用兵，究竟后果如何，连刘备也有些疑惑。

夏侯惇与于禁等带兵到了博望，分了一半精锐兵力做先头部队，其余的都在后面保护粮车。那时正是秋天，吹着西风。人马正行间忽然看到前面灰尘扬起。夏侯惇便摆开队伍，问："这是什么地方？"向导官答道："前面是博望坡，后面是罗川口。"夏侯惇听罢便命令于禁、李典押住阵脚，亲自骑马到阵前来看。

远远看到对方人马部署，夏侯惇大笑不止。部下问道："将军为何发笑？"他说："我笑徐庶在丞相面前把诸葛亮夸得像神仙一般，今天看他用兵，正好比犬马与虎豹相斗。我在丞相面前夸口要活捉刘备、诸葛亮，今天一定会马到成功。"说完，立即纵马向前。

不料，正好遇到大将赵云。双方一语不合，大战起来。赵云假装打不过夏侯惇，策马就走。夏侯惇见了，紧紧追赶。赵云走了十几里，回马又与夏侯惇对垒，战不了几个回合又走。韩浩拍马向前，向夏侯惇说："赵云诱敌，恐怕有埋伏。"夏侯惇说："敌军这副样子，虽有埋伏，我也不怕！"于是不听韩浩劝告，一直赶到博望坡。忽然一声炮响，刘备亲自带了人马，冲了过来，参加战斗。夏侯惇笑着对韩浩说："这就是埋伏的兵马，我今晚不杀到新野，绝不收兵。"于是又催促部下向前追赶。刘备、赵云等人，仍是不敌败走。

天色渐渐暗了下来。这时乌云密布，遮天蔽日，西风又起。夏侯惇只顾朝前追赶。于禁、李典赶到路狭的地方，见两边都是芦苇，觉得地势不对，连忙建议夏侯惇停止前进。夏侯惇正要下令，只听得背后喊声大震，就看到一片火光，两边芦苇都烧了起来。转眼之间，四面八方，全都是火，又碰到风大，火烧得更猛。曹军人马，自相践踏，死伤不计其数。赵云又回头杀了过来，夏侯惇只好冒火逃出。李典一看大事不妙，连忙奔回博望城，火光中被一支兵马拦住，带队的大将原来就是关羽。李典上前战了一阵，夺路冲出重围。于禁见到粮草车辆都被火烧，便奔小路逃跑。夏侯兰、韩浩来救粮草，正好遇到张飞。战不上几个回合，张飞一枪把夏侯兰刺倒在马下，韩浩好不容易才夺路走脱。一直杀到天亮，夏侯惇收拾了残兵败将，回到许昌去见曹操请罪。

战斗结束，关羽、张飞异口同声地表示："诸葛亮真是英雄豪杰。"走不了几里，看到糜竺、糜芳，带了兵马，簇拥着一辆小车，车上坐的正是诸葛亮。关羽、张飞见了，连忙下马拜倒在地。从此，关羽、张飞二人对诸葛亮心悦诚服。

火烧新野

诸葛亮回到新野，对刘备说："夏侯惇败了，曹操一定会亲自带领大军前来。"刘备忙问："怎么办呢？"诸葛亮说："新野小县，不能久住。最近听说刘表病重，十分危险，不妨趁这个机会，拿下荆州做个安身之地，那就可以抵挡曹军。"刘备说："阁下说得很好，只是我受刘表厚恩，怎忍采用这般做法？"诸葛亮说："眼下如果不这样做，以后懊悔也来不及了。"刘备说："我宁死也不忍做忘恩负义的事。"诸葛亮说："既然如此，以后再商议吧。"

刘表在荆州确实病得很重，托人请刘备去谈后事。刘备带了关羽、张飞等人到了荆州。刘表对刘备说："我不中用了，死了以后，你如果

忠义神勇 关羽

认为我儿子没有才能，荆州可归贤弟所有。"刘备哭拜说："刘备一定竭力帮助贤侄，怎敢有其他举动。"正在说话之间，有人报告说："曹操亲率大批兵马杀奔新野而来。"刘备急忙辞别刘表，连夜赶回新野。

刘表在病中听到曹操出兵的消息，大吃一惊，忙找人商议草拟遗嘱，想要刘备帮助长子刘琦作荆州之主。刘表的后妻蔡夫人听了很为恼火，立即吩咐关上内门，叫蔡瑁、张允二人把守外门。这时，刘琦在江夏，知道父亲病重，来到荆州探望，刚到外门，被蔡瑁阻止了。刘琦站在门外，大哭一场，仍旧回到江夏。刘表的病越来越重，苦等刘琦不来，直到最后，大叫了几声死去。刘表死了以后，蔡夫人与蔡瑁、张允商议，写了假遗嘱，立小儿子刘琮作了荆州之主。至此，蔡姓一家，掌管荆州大权，刘琮驻扎在襄阳，以防刘琦、刘备，甚至封锁消息，不向刘琦、刘备报丧。

刘琮到了襄阳，刚歇马，忽然有人报告说："曹操带兵朝襄阳杀来。"刘琮急忙召集部下商议。傅巽、蒯越、王粲三人都主张投降曹操。刘琮把这意见告诉母亲，蔡夫人也完全赞同。于是刘琮写好降书，叫宋忠暗地里往曹操军营投献。宋忠到了宛城，向曹操献了降书。曹操非常高兴，重赏了宋忠，要刘琮出城迎接。

宋忠离开曹营，正要渡江返回，路上却碰到了关羽。关羽详细地问了荆州情况。宋忠起初还想隐瞒，后来被关羽盘问不过，只得将真情如实说了出来。关羽听了大吃一惊，立即捉了宋忠到新野去见刘备，刘备听罢大哭一场。张飞说："事情已经这样，不如先斩了宋忠，随后起兵渡江，夺了襄阳，杀了蔡氏、刘琮，然后与曹操交战。"刘备说："你且住口，我自有主意。"于是，放走了宋忠。

刘备正在烦闷，忽然有人报告说刘琦派伊籍来到。刘备于是把宋忠所说告诉了伊籍。伊籍吃惊地说："既然如此，将军何不以吊丧为名，前往襄阳，引诱刘琮出来迎接，乘机捉拿，这样，荆州就属于将军所有。"诸葛亮说："这话很对，主公可以这样做。"刘备流下泪来说："刘表临死以前曾拜托我。现在如果捉拿他的儿子，夺取他的地方，实在辜负了他的重托。"诸葛亮说："如果不这样做，现在曹操大军已经到了宛城，怎样去抵抗？"刘备说："不如到樊城躲避一下。"

正在商议的时候，有人报告说："曹兵已到了博望。"刘备急忙让伊籍回江夏整顿兵马，一面与诸葛亮商议抵御办法。诸葛亮说："主公且放心，前次一把火，烧了夏侯惇的大部分人马，这次曹军又来，再让他中一条计策。我们在新野住不得了，不如早点到樊城去。"于是贴出通告，希望百姓赶快一道去樊城暂时躲避，并一方面派孙乾到河边调配船只，救济百姓，另一方面召集将领们部署战斗。

诸葛亮先命关羽带一千人到白河上游埋伏，各人带布袋，装沙土，挡住白河的水，等到第二天三更以后，只要听到下游人喊马嘶，便放水来淹曹军，并带兵顺水杀奔下来。其次，又命张飞"带一千人到渡口埋伏，等曹军被淹以后，可以乘机杀来"。

然后，诸葛亮令赵云："带三千人，分做四队，自己带领一队埋伏在东门外，其余三队分别埋伏在西、南、北三边城门外。你先在城里的一些房屋上隐藏一些硫黄等作为引火材料，等曹兵入城以后，第二天黄昏时看到风起，就命令西、南、北三边城外的伏兵用火箭射进城来。等

忠义神勇 关羽

待城里烧得厉害时，就在城外呐喊助威，只留东门放行，你可以在东门外从后面杀去。天亮以后，再会合关、张两军，收兵回樊城。"

接着，诸葛亮又对糜芳、刘封两人布置说："带两千人，一半红旗，一半青旗，在新野城外三十里的鹊尾坡前驻扎。一看到曹兵来到，红旗军走在左面，青旗军走在右面。对方心疑，一定不敢追赶，你们两批人可以分头埋伏。只看城里火起，就可以追杀败兵，然后再到白河上流接应。"诸葛亮分派完毕，同刘备登高眺望，等候前线的胜利消息。

曹仁、曹洪带了十万人马做先头部队，最前面有许褚带三千铁甲军开路，浩浩荡荡，杀奔新野而来。中午，到达鹊尾坡，看到坡前一批人马，打着青、红旗号。许褚指挥部下向前，忽然青、红旗分左右两边走开。许褚勒住马，怕前面有埋伏，关照部下停止前进，自己赶到曹仁面前去报告。曹仁说："这是疑兵，一定没有埋伏。"许褚又回到坡前，叫部队继续前进，在树林里追赶了一阵，却看不到一个人影。

这时太阳已经西下，许褚正要前进，只听得山上大吹大擂，抬头一看，只见山顶上一簇旗子，旗子下面有两把伞，伞下左面坐着刘备，右面坐着诸葛亮，两人正在面对面吃酒。许褚见了十分恼火，立即寻找道路上山，此时山上却把檑木炮石打将下来。这时候天色已经很晚，曹十二的兵马赶到以后，下令先夺下新野城歇马。军士们赶到城下，只见四面城门大开，曹兵跑了进去，并无阻挡，城里也找不到一个人影，原来新野竟然是一座空城。

曹兵进城以后，又倦又饿，都去争夺房子烧饭。曹仁、曹洪就在县衙门里歇息。初更以后，刮起大风，守门的军士飞报火起。曹仁说：

"这一定是烧饭不小心……"话还没说完，接连几次的报告，说西、南、北三面都有火起。等到曹仁急忙叫大家上马出城时，满城里都起了火，上下一片通红。曹仁带了部下冒着烟火，寻找道路奔走。听说东门没火，急忙奔出东门。军士自相践踏，死了不知多少。

曹仁刚脱离火的包围，背后又是一片喊声，却是赵云紧追过来，曹仁哪敢恋战，只顾逃命。正在奔走，糜芳又带着一支人马赶到，冲杀了一阵。曹仁正要夺路逃走，又被刘封带领人马杀了一阵。到四更天的时候，曹军人马都奔走得十分疲倦，军士大多数烧得焦头烂额，奔到白河边，看到河水不深，都想下河吃水洗身。一时人喊马嘶，乱成一团。

关羽在白河上流听到下方人喊马嘶，急忙叫军士放水，滔滔水势，直往下流冲来。曹军人马都淹在水里，死去很多。曹仁只得带了部下向水势缓慢的地方逃走。走到博陵渡口，又听到一片喊声，一支兵马拦住了去路，当头的大将便是张飞。杀了一阵，曹军大败。这时，刘备、诸葛亮又一同沿河来到上流。这时刘封、糜芳已按照原定部署，安排好船只在河边等候。于是，众将士胜利会师，一齐渡河，向樊城进发。

第四章

吴蜀分合

使者走后，关平就说，鲁肃绝对是心怀鬼胎，疑惑关羽为何答应，关羽笑说心中早已有数，并断定是为了讨要荆州之事，要是他不赴约，东吴就会说他是胆小鬼。他决定次日自驾轻舟，随身携带一柄大刀，让十来名将士跟着，谅鲁肃奈何不了他。

长坂坡之战

　　新野一战大获全胜，但诸葛亮深知新野太小，很难长期据守，便建议刘备趁刘表病危攻入荆州，荆州城池坚固，可以作为长久据点，用来抵抗曹军。

　　刘备没有赞成诸葛亮的观点，他觉得刘表给他的恩情太重，他做不出这种事。虽然诸葛亮一再强调若此时不把握机会，以后就难办了。但刘备仍坚持即使丢了性命，也绝不做此忘恩负义之事。无奈，诸葛亮只能另谋他法。不久，刘表病故，他的夫人蔡氏和妻弟蔡瑁等人设计废掉长子刘琦，立刘琮为主，他们将刘表去世的消息告诉了当时的江夏太守刘琦和在新野的刘备。为了防止刘琦和刘备会有所动作，蔡氏让邓义和刘先把守荆州，自己和刘琮驻守襄阳。

　　夏侯惇领兵讨伐新野后逃回许都向曹操请罪，曹操得知自己的大量兵马被刘备烧死，大怒，亲自率领五十万大军，攻打刘备。蔡夫人得知曹操的军马直逼襄阳，决定归降于曹操。她让刘琮写投降书，并派宋忠送给曹操。宋忠把降书送到宛城时刚好碰到曹操的大军，曹操非常高兴，不仅重赏了宋忠，还承诺如果到时刘琮出城迎接他，就让刘琮永远统治荆州。

宋忠告别了曹操后便急忙往回赶。走到江边时，一队军马迎面而来，宋忠看出了那是关羽，他急着想回避，无奈不及关羽的马快，关羽到了宋忠跟前，看到他面色慌张，就心生疑惑，觉得他隐瞒了什么事情，于是便下马问他从哪里走来的，为什么这么匆忙。心慌的宋忠便撒谎说家乡就在这不远处，因为思念家人所以过来看一下。显然关羽没有相信他的话，并大声质疑。宋忠扑通跪下，不断强调他不敢欺骗关羽。关羽搬出青龙刀继续威胁宋忠，逼他说出实话。宋忠虽被吓得不轻，但仍未松口，只说这件事事关重大，他小官一名，若把事说出来，回去就会没命。直到关羽告诉他如果不说实话现在就要了他的命，宋忠不得已才把从刘表病故和自己领命送降书的事说了一遍。关羽听了非常惊诧，立即抓宋忠去见刘备。

刘备得知刘表已经去世，异常悲痛，在关羽的不断安慰之下才止住了眼泪，大家集中起来商量如何应对曹军。张飞提出先杀了宋忠，过江夺取襄阳，除掉蔡氏和刘琮，再和曹操交战。关羽觉得这么做不忠不义，沉默着不发表意见。刘备也不同意，他觉得刘表待他不薄，若趁他去世便占他的地盘，捉他儿子，确实不妥，他建议去江陵暂时躲避。关羽认为江陵是荆州的交通要道，很适合暂时驻扎在那里。诸葛亮也同意了。就在大家商量的时候，探子就报告说曹操的大军到了博望。于是诸葛亮让人在城中张榜，召集愿意随大军去江陵的百姓，结果一呼百应。接着诸葛亮让关羽和张飞在新野抵挡敌人，并用火烧了新野，这一把火烧死了曹操不少兵马，愤怒之下，曹操率军攻来。

军民十万多人，大大小小几千辆车，刘备的江陵之行进行得很缓慢。突然哨兵来报说曹军已到达樊城，正在准备船只，很快就会过江追上来。将士们都认为江陵本来是有利于据守的地方，但现在带的百姓太多，走得太慢，不知道什么时候才能到达江陵。如果曹军追上来了，那更是不妙。所以他们建议先暂时不管百姓，军马先赶去江陵。刘备流泪了，他强调要做大事就要时刻把人民放在心中，现在百姓愿意跟着他，他不能不管他们。事已至此，诸葛亮建议让关羽到江夏找刘琦搬救兵，张飞留下抵抗敌军，赵云保护老人和小孩，其他的人带领百姓往前走。

曹操到了襄阳便让刘琮出城迎接他，面对曹操，刘琮心生畏惧。曹操只封他为青州刺史，让他立刻去任职。刘琮无奈，只得和蔡氏一起去青州，没想到在路上就被曹操派来的于禁杀害了。

关羽接了命令后就和关平立即赶去江夏向刘琦求救。赤兔马跑得飞快，没几天便带关羽到了江夏。当时的刘琦已经知道刘琮投降曹操的事，正在和大家商讨怎样自保。听说关羽来请求支援，就请他进来询问相关情况。刘琦得知情况后，刘琦表达了他对刘备以仁义理政的钦佩之情，并说明这件事来得太突然，需要考虑考虑，便让关羽先到驿馆休息了。

听刘琦这么说，关羽大概知道刘琦所想，但一时也没什么对策，只得回去驿馆。刘琦又急召大家商量此事。东曹橡傅远认为首先曹操率兵五十万，气势大，其次曹操以朝廷的名义讨伐，要是与其对抗，会有与朝廷作对之嫌。另外他们在江夏只有几万兵马，与曹军差距悬殊，而且刘琮已归降曹操，他们能取胜的可能性极小。因此他劝刘琦在做决定之前要考虑清楚。副将王威也认为曹操进攻荆襄声势浩大，更是无人可以与其抗衡，他劝刘琦不要冒这个险，以免后悔，刘琦很赞同王威的观点。此时，伊籍站了出来，他提出受人滴水之恩，当以涌泉相报，并提醒刘琦，当初他遭蔡氏迫害走投无路时，是靠诸葛亮指点才得以保命。他还说，投降于曹操等于将祖先打下来的江山拱手让人，如果刘琦也像刘琮那样做，到了九泉之下难以向先祖交代。伊籍一番话让刘琦窘迫不已，他左右为难，便让大家先离开，自己再想一下。几天后，不见刘琦有任何回应，又担心刘备那边的情况，关羽就又跑去求见刘琦，但刘琦心中仍没有做出决定，因此便以生病为由，推脱几天后再与关羽会见。

刘备这边各司其职，队伍缓慢前进。眼看关羽去了好几天了，都没什么音信，刘备就请诸葛亮亲自出马，他觉得诸葛亮对刘琦有救命之恩，看在诸葛亮的面子上，刘琦会同意支援的。于是诸葛亮就和刘封、孙乾一起，带着五百军士向江夏出发了。

到了江夏，诸葛亮便去见关羽。正在发愁的关羽见到军师很是兴奋，他立刻把情况跟诸葛亮说了一遍，诸葛亮便请关羽放心。听说诸葛亮来了，刘琦连忙亲自接见，两人见面后，诸葛亮问刘琦驻守在江夏的感觉。刘琦感谢了诸葛亮当时为他指点明路。诸葛亮便顺带提出了让刘琦支援的想法。刘琦还是犹豫，他说他不会忘记报恩的事，但是曹军兵力太强，而他们只有几万兵马，觉得帮不上忙。诸葛亮便跟他分析，虽然曹操势力强大，但如果他们两家和孙权的人马加在一起，还是可以和曹军抗衡的。如果刘琦这次袖手旁观，让曹操得以各个击破，到时他的状况也不妙。诸葛亮还告诉刘琦他的弟弟刘琮被害的事，他强调若是刘琦重蹈覆辙，怕是会落得和刘琮一样结果。刘琦原来只知道弟弟投降，现如今知道刘琮被杀，不禁痛哭起来。诸葛亮劝他说虽然现在他们还难以和曹操抗衡，但如果刘琦答应与刘备联手，他愿意说服孙权站在他们这边，这样对付曹操就有胜算了。刘琦听后便答应出兵了。诸葛亮先让关羽去带领一万兵马到汉津接应孙琦，自己去带夏口的兵马过来。

刘备一行走到长坂的时候，突然听到背后震耳的喧嚣声由远及近，原来是曹军追上来了。刘备大惊失色，忙带领留守的两千多人去迎战，无奈曹操兵力太强，根本无法抵挡。就在这危机关头，张飞带领几百人杀出重围，掩护刘备向东逃去。奔波了一个晚上，直到听不到身后的声音了，刘备才停下休息。看着身边只剩的一百多人，百姓、许多将士和家属、妻子儿子都不知所踪，刘备痛哭不已，他觉得几十万的生命是因为他而遭如此劫难的，不要说一般人，就是土木一样的人，也会非常悲伤。就在这时，糜芳和简雍等人带着伤出现，并带话说赵云去救刘备夫人和儿子了。后来，赵云带回了甘夫人和小主人阿斗，但糜夫人因为伤得太重，不愿拖累他们，跳井自尽了。休息了一会儿后，众人带着疲惫的身子和心情继续往汉津奔去，突然身后又响起了马蹄声、军鼓声。刘备看到这前面有大江，后面有追兵，更是焦急了。他连忙让赵云做好迎战的准备。

曹操要求手下一定要趁此机会将被包围的刘备捉住，若不然，将后患无穷。于是将士们都铆足了劲向前追。就在此时，一队兵马在隆隆的战鼓声中一跃而出，在队伍最前面的便是关羽。原来关羽得知曹操追上了刘备的队伍并与之开战，便率领从江夏借来的一万人马前来救援。只见关羽挥着青龙刀，骑着赤兔马，大喝他已经在这里等候多时了。看到是关羽，曹操急忙停住队伍，他觉得又中了诸葛亮的计了，便让军队赶紧撤退。

关羽将曹军赶出了十多里后，便掉头回去护送刘备等到汉津。到了汉津，船已经准备好了，却在此时江的南边传来战鼓声，许多战船浩浩荡荡地驶来。刘备看了非常惊讶，以为又是敌军，等船近了，看到一个身着银色铠甲的人在船头向刘备大声问安，知道那是刘琦，刘备才放了心。他命人将战船连在一起，以便在水上行走。叔侄两人正说话间，西南岸上有战船一字排开，并往他们的方向行来。刘琦很惊讶，因为江夏所有的兵都被他派过来了，这些拦路的船，不是曹操的，就是孙权的，现在这种状况不知道要如何应对。

诸葛亮舌战群儒

刘备戒心大起，慌忙走出船头欲探究竟。隐约可见远处正向自己行驶而来的战船上，站着英姿飒爽的诸葛亮，身后还有孙乾、刘封各站一侧。刘备见是诸葛亮，大喜，笑着招呼诸葛亮来到自己的船上，询问诸葛亮为什么会到这里。

诸葛亮回答："我与曹操交战过多次，深知他的为人，这次他好不容易逮着机会夹击主公，必定穷追不舍。因此我让刘琦公子先在汉津渡口接应你，我知道主公你一定会沿着汉津道逃走。而我则先去夏口召集军兵，再过来与主公会合。"

刘备听完大赞诸葛亮的安排，便接着问诸葛亮该如何反击曹操。诸葛亮说："夏口城地势险要，易守难攻，而且城里百姓丰衣足食，粮食充足，有利我们的长期据守。主公您先到夏口城驻守，而我们大部分军队在江夏，我与公子先回江夏整顿军队，操刀练兵，把军队迁到夏口，再来与曹操对抗。"

刘琦听完，建议道："军师的想法甚好，但叔父在军队的威望胜过我们，不如让叔父与我们一起回江夏，再一起带着军队回夏口。"众人听后，皆认为刘琦的建议有理，便决定刘备、刘琦与诸葛亮一起去江夏，关羽则先带一部分军兵回夏口驻守。

曹操这一边，先是由于刘琦的接应害他失去抓住刘备的机会，再是追捕刘备过程中遇到关羽的突然袭击，恐前方再有埋伏，便放弃了追捕。曹操带着大军马不停蹄地赶至江陵，守城的将领听闻刘备失败了，遂开城门投降了曹操。

曹操带领众将进城后商议："刘备已潜逃至江夏，再抓他已不容易，如果他要跟东吴联合，那就更难对付了。"

荀彧道："我们不如先下手为强，刘备想联合东吴，我们就抢先一步劝东吴投降，我军势力强盛，如再允诺孙权分荆州之地给他，并永结

忠义神勇

关羽

盟友，权衡形势，孙权必与我军联合。”

曹操听了，认为此计甚好，一边派遣使者到东吴缔结劝降书。一边又对外谎称自己拥有雄师百万。

正如曹操所料，刘备这边也有与孙权联合的打算，在江夏整顿军队时，刘备、刘琦与诸葛亮再次商议如何对付曹操。诸葛亮说：“曹操如今势力强大，凭我们现在的力量难以跟他们抗衡。眼下之际，不如先与孙权联合，我亲自去江东面见孙权说服他。”于是诸葛亮第二天大早便前往江东去了。

孙权先是收到曹操委派使者送过来的劝降书，再是诸葛亮亲自前来游说同盟，一时左右为难。诸葛亮见孙权略有松动，心知有机会，便用他的三寸不烂之舌大战孙权、周瑜等众多名士，最后孙权撕掉了曹操的劝降书，答应与刘备一起抗曹。他命令周瑜率领部将鲁肃、程普出兵打头阵，后续他会源源不断地提供人力物力，担保无后顾之忧。如果周瑜在战场上与曹军作战不如意，他必亲自上阵，与曹操对抗。周瑜领命，带领军马与诸葛亮一起抗击曹兵。船行驶到离三江口有五六十里远的地方停了下来，在岸上安营扎寨，周瑜请来诸葛亮一起商讨抗曹大计。周瑜见诸葛亮确是谋略过人，想拉拢过来，便让其在孙权帐下的哥哥诸葛瑾去劝说诸葛亮投靠江东，不料诸葛瑾反被诸葛亮说服投靠刘备，从此周瑜便对诸葛亮怀恨在心。

刘备见诸葛亮去江东已有数日，却一直杳无音信，便问众将是否有人愿意去打探一下消息。糜竺自告奋勇揽下此重任，见到了周瑜，并未单刀直入问及诸葛亮，而是先与周瑜虚与委蛇，一番客套话下来，才提到了诸葛亮，说军师在这里已待数日，是时候回去了。可周瑜并不吃这一套，态度强硬地拒绝了麋竺的要求，他说："诸葛亮正和我一起商量对付曹操的计策，怎么能够在这关键时候离开？我倒是许久未见刘备，如今我是统帅，走不开，您回去询问一下刘备，是否有时间前来一起商议大计吧。"麋竺见周瑜不答应反倒提出邀约，无奈之下先答应了下来，他未能完成任务便悻悻然回去了。而周瑜此次的邀约，实则是一场鸿门宴，他已经安排杀手埋伏，准备趁此机会除掉刘备，解决后患。

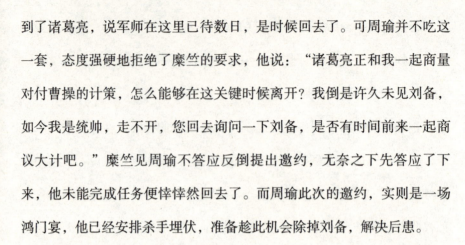

　　麋竺回去复命，并把周瑜邀约的事情告诉刘备。刘备不疑有他，爽快地答应了，并收拾行李准备离开。一直站着未说话的关羽开口了，他说："主公，请三思而后行。周瑜是个狡猾人物，他这次的邀约会不会有诈？我们在未收到军师的任何书信之前，还是不要轻易前往吧？"可是刘备认为双方目前是同盟关系，断不会害他。关羽见说服不了，只得要求让他一同前往。次日，刘备乘船去江东，同行的除了关羽，便只有二十名随从，周瑜在渡口迎接刘备，见刘备带的随从不多，心中暗喜，想着机会来了，今天刘备逃不掉了，并眼神示意杀手们暗中包围军帐，表面上则笑意盈盈地迎着刘备进帐。

　　适逢诸葛亮前来江边散步，偶见刘备与周瑜在此密会，担心周瑜对主公不利，便在暗中观察两人动静。他看见周瑜的两边袖口里皆藏有刀，且面露凶色。诸葛亮一下子急得想冲出去，但他瞥了一眼刘备，发现刘备镇定自若，谈笑风生，才看见刘备身后还站着关羽，登时放下心来。

　　周瑜与刘备两人表面上其乐融融地聊天喝酒。酒过三巡，周瑜借故起身问刘备身后站着的所谓何人。刘备告知是关羽。周瑜暗自吃惊，不敢多有怠慢，斟了一杯酒与关羽对饮。这个时候，鲁肃走了进来，默默站在周瑜背后。刘备笑着问及诸葛亮，说几日不见备感思念，请鲁肃去请诸葛亮过来聊一聊。周瑜却拒绝了，声称过几日方可见到。刘备不好再要求，聊了几句之后便告辞了。刘备和关羽走到江边的时候，见诸葛亮在此等待。诸葛亮便把自己亲眼看到的，周瑜欲杀刘备而碍于关羽在场才不敢动杀机的经过告诉了刘备。刘备方后知后觉大叹又捡回了一条命，随后又担心起诸葛亮安危，要求诸葛亮一同回去。但是诸葛亮让刘备放心，目前周瑜还需要他不会轻易对他下手，待到东南风起的时候，请赵云乘船在南岸边等候就好了。刘备想想军师为人谨慎，应该能保全自己。诸葛亮催促刘备、关羽离开此地。刘备便也不多做停留，乘船离开了江东。

第四章　吴蜀分合

　　周瑜把刘备送走之后，鲁肃问为何把刘备引诱过来之后，却又不下手杀了他。周瑜告诉鲁肃，与刘备相随而来的那个人关羽，这个人有勇有谋，如果当时害了刘备，保不准关羽不会来杀自己。鲁肃听罢连连称是。这时，有人来报曹操又派了特使来送信，周瑜看了信封上写的"汉大丞相付周都督开拆"几个大字，书信内容看都不看一眼，便愤怒地撕碎书信，斩了来使，并命人把来使首级送回去。同时，命令甘宁、韩当、蒋钦作为先锋，命其所有人加快速度前进。

　　当曹操见到使者首级，又听闻周瑜看也不看就撕了书信之后，登时怒发冲冠，立刻命令众部将带兵进攻江东，此时双方兵马已在赤壁形成对峙局面。周瑜让向来比较谨慎的黄盖向曹操诈降，接着让其谋士庞统设计使用铁索连接起曹操的所有战船。所有的准备做足之后，周瑜请诸葛亮设坛求天借东南风，盼能一把火烧掉曹操的所有战船。

　　当天晚上，诸葛亮便与刘备、刘琦共商战略。诸葛亮料定曹操今夜四更之后必会取道乌林小路，就让赵云领三千军马于树林中埋伏，等曹操军马一到，就从中放火，让曹军措手不及，纵然不能片甲不留，也必能烧杀过半。赵云想到乌林有两条道，其一通南郡，其二取荆州，未知曹操会从哪条道来。对此，诸葛亮认为曹操必定不会走南郡，因南郡眼前战事正紧，故曹操定会取道荆州，然后率大军回许都会合。此外，诸葛亮料定曹操会往南彝陵走而不敢往北彝陵走，因此待赵云领命后，诸葛亮又盼咐张飞领三千军马渡江截彝陵，并埋伏于葫芦谷口，等到雨停之后，曹军埋锅造饭，便可依据升起的炊烟出兵伏击曹军。张飞领命而去后，诸葛亮又命糜竺、糜芳、刘封驾驶船只，绕江而行，以备擒获曹军的穷寇败兵，夺取兵器军械。三人离去后，诸葛亮请刘琦即刻率兵马返回夏口，驻守沿江岸口，待曹操兵败折返时即可使之就擒。另外，诸葛亮还特意叮嘱刘琦万万不可离开城郭。刘琦辞别后，诸葛亮让刘备驻兵樊口，居高临下，等待今夜的成功。

曹操败走华容道

关羽见其他人都领命而去了，唯独自己依然站在这里，而诸葛亮却不闻不问。再想到自己多年来随刘备东征西战，未曾落后，就按捺不住了，问诸葛亮为何在这紧要关头却不肯委以重任。诸葛亮解释说，曹操兵败之后必然会取华容道逃走，本来想把这一最重要的关口交给关羽来守，后来犹豫未决，因为曹操曾厚待关羽，担心曹操败走华容道时，关羽会念旧日之恩义而放过曹操。关羽认为这是军师多心了，虽曹操往日确实待自己不薄，但他已经斩颜良，诛文丑，解白马之围，以此来报答过曹操了，如果在华容道碰上他，绝对不会轻易放他走。为了说服诸葛亮，关羽还立下了军令状，表明如放过曹操则愿意以军法处理。另外，诸葛亮也立下了军令状，保证曹操必定会取华容道，以打消关羽的顾虑。诸葛亮还嘱咐关羽在华容道的高山上烧一把柴火，诱使曹操进来。关羽不解，曹操看到烟火肯定知道里面有埋伏了，为何还肯进来？诸葛亮解释说："兵法之术，虚虚实实，而曹操又生性多疑，看到烟火必定以为是虚张声势，自然就会走这条路了。"关羽心悦诚服，就领着关平、周仓和五百校刀手到华容道埋伏。但刘备素知关羽重情义，仍担心他会放过曹操。诸葛亮告诉刘备，自己夜观天象，算到曹操寿限未到，因此就顺水推舟，让关羽去领这个人情了。刘备听罢，不得不佩服诸葛亮的神机妙算。

自从周瑜夜借东南风，火烧赤壁后，曹军损失惨重，伤亡过半，周瑜又乘胜围追堵截，曹军仅剩的一百余将士在漫天火海中逃亡。恰时，只见几十个将士骑马奔来，领头人便是张辽。于是，曹操差人找出路。曹操听从张辽建议，带领军马朝宽阔的乌林方向行进。途中，只听一阵马蹄声渐近，又夹杂着要追杀曹操的口号，曹军借着火光才看清是东吴吕蒙的大军。曹操下令军队加速前进，让张辽留下与吕蒙厮杀。忽然一簇火把在前方出现，山谷里冒出一批人马，从口号中得知是东吴的凌统，曹操几乎吓破了胆。此时，乍见曹军徐晃领着人马从斜刺中冲出，与吴军拼杀了一会儿，曹操才得以逃脱，朝北狂奔。突然间，山坡前又集了一批人马。徐晃询问后，得知是张鼓和马延，他俩都是袁绍旗下的降兵，掌管北地三千人马，驻守于此；当夜，见到漫天火光，他们不敢轻举妄动，正好在此地等到曹操。曹操派两人率兵马一千，朝前开路，剩下的留在身边保护自己。遇到这批人马，他才稍安了心，由两员大将护送，曹军加速行进。

没过十里路，只听得四周突生叫喊声，杀出一批人马。从领头人的叫喊声中得知是东吴大将甘宁，马延刚有抗战的念头，甘宁挥手一刀，便将其打落下马；张鼓拿起长枪冲来，甘宁一声大喊，张鼓来不及应付便被甘宁一刀打下了马。谁知合淝路口的孙权见江里火光四起，知

忠义神勇

关羽

是曹军落败，就让陆逊用火当信号，朝这边进军。曹操无奈朝彝陵方向奔去。途中又和乐进相逢，曹操让其留下与敌军厮杀，而自己却加速前进。五更了，曹操朝背后一看，见火渐远才松了口气，询问部下后，得知此地处于宜都的北面、乌林的西面。看到此地地势险要，草木繁杂，曹操于马背上仰天大笑。各将领问其所为何事，原来曹操是笑话诸葛亮和周瑜愚笨无能，没在此地布下埋伏。忽然，火光四起，鼓声阵阵，曹操心头大惊。这时，一悍军截断曹军去路，听得那人所报名号，正是常山赵云。曹操令乐进、徐晃率兵与其周旋，而自己却突围而出。因那赵云只顾厮杀拼命，并未追赶，曹操这才脱了险。

　　破晓之时，乌云压顶，还在刮着东南风，突降大雨，浸透了曹军的衣甲。无奈，曹军需继续行进，可众人已饿得饥肠辘辘。曹操命将士打家劫舍，找来火种和粮食。在准备做饭之际，从后面传来一阵马蹄声。曹操慌了，定睛一看，才知是许褚和李典护送各位军师来此，曹操高兴坏了，命部下前行一会儿再做饭。待曹操询问后，得知前方有两条路：分别为南彝陵与北彝陵，南为大道，北为山路。曹操欲抄近路去往南郡江陵，便有军士称走葫芦口最近。曹操就令大军开拔南彝陵。军马走至葫芦口时已无力再走，在路上倒了一大片。曹操下令暂作休息，找干山坡生火做饭，烤马肉吃。众将士将湿衣服搭在风口晾晒，并将战马的马鞍摘下，让其自由吃草。曹操则在宽阔的林子里大笑不止。将士们很是不解，刚笑了一下，笑出个赵云，死伤了大批军马，这次又为何而笑呢。曹操一说，大家才知是他又在笑话周、诸葛亮不如他会用计，认为他们没有在此地设埋伏，借机重打曹军，反而让曹军得以逃命。曹操正说得高兴，忽听得前后两面传来喊杀声，他惊得不顾穿衣便骑马逃荒，多数将士都没时间来收马。四周乍起了烟火，燕人张飞手拿长矛，骑着高马，领着一队人马在山口闪出，并叫嚷着要捉到曹操。许褚骑在光秃秃的马背上与张飞交战。张辽、徐晃也骑马前后夹击。两军一片混战。曹操最先快马脱身，众将士也渐渐逃去了，张飞紧随而至。

逃亡途中遇到个分叉口，曹操又欲抄近路走，听闻部下说通往华容道的小道虽近，可地势险要不好走，而大路虽好走，可行程要多出五十余里，曹操差人前去山上打探，得到消息是大路没有什么蹊跷，小道山脚下的些许地方有火烟冒起。曹操决定走小道。众军士都发起疑问：烟火之处必是人马安营之地啊！怎能如此选择。曹操认为这是敌方在迷惑曹军，足智多谋的诸葛亮故意在小路露出破绽，迷惑曹军从大路走，其实诸葛亮已在大路设下埋伏，正待曹军中计，曹操已料到如此，偏反其道行之。众军士听后纷纷夸曹操料事如神。因此，曹军向小道行进。可那时，人困马乏，众将饥饿难耐，再加上将士们带伤的身体和湿透的衣甲，以及在彝陵道上逃亡时，丢弃了多半军旗和军器，天气又酷寒难耐，将士们连连叫苦。

曹操命壮实的将士先行并砍柴、运草、挑土铺路，老弱病残的慢行其后。诸将只好依命下马，砍木铺路。恐再有吴军从后追击，曹操命徐晃、许褚和张辽带骑士一百，在旁边持刀而立，监督大家施工，对动作散漫者杀无赦。可此时，将士已无力支撑下去，多数已饿晕在地，可曹操命军马从人身上行走，遍地都是尸体。行程中，哭声不止。曹操气急了，下令谁再哭，杀无赦。走过险地后，路稍微好走了些。走了近数

忠义神勇
关羽

里，曹操再次于马背上大笑不止。大家对他的笑依然很疑惑。原来曹操又一次对周瑜和诸葛亮没有在此设埋伏而嘲笑不已。

话际，乍听得轰隆一声炮响，两侧的五百名刀将排成一字队，猛将关羽是领头人，只见他身骑赤兔马，手持青龙刀，堵住了曹军的出路。曹军见势，个个吓破了胆，不知如何是好。曹操命部下殊死作战。可当时已经人困马乏，毫无战斗力，诸将不愿前往。程昱劝说曹操，说他了解到关羽是有慈悲心肠、讲信用且有恩必报之人，而曹操又曾对关羽有恩。为求得一条生路，经程昱建议，曹操前往请求关羽，放过曹军一马。曹操骑马上前与关羽寒暄了一番，请求关羽能让道前行，而关羽却说杀了文丑和颜良已经是报过恩了，如今军令难违，实在很难办到。可曹操仍不罢休，摆出五关斩将、《春秋》中庾公追击子濯孺子之事，欲让关羽心软。关羽素有侠义心肠，又是重情重义之人，回想到曹操之恩情，五关斩将之情义，又见到曹操已经溃不成军，便更加狠不下心了。因此，他勒马回身，下令军队散开，其意明显就是给曹军让道。曹操见势，随即同诸将一并飞奔出去。待关羽转身，曹军已经去了。关羽叫喊了一声，诸将齐下马跪拜，哭声一片。关羽心更软了。犹豫之际，张辽也骑马而过。关羽见之又念了旧情，叹息后又让其逃脱。后来有相关诗歌记录：曹瞒兵败走华容，正与关公狭路逢。只为当初恩义重，放开金锁走蛟龙。

曹操总算得以从华容道逃脱，骑马直奔谷口，身后只剩二十七名骑兵。他于夜幕降临时已行至南郡，但见前方火光突起，被一支军马所堵劫。曹操甚恐：终究难逃一死啊。曹操看到有哨马在前，得知是曹仁大军，方安了心。之后，曹操就领着诸将行至南郡歇息。张辽也紧随其后到此，不忘提关羽救命之恩。次日，曹操向曹仁许诺要报此仇，并决定暂回许都，当曹仁问及何人驻守襄阳和合淝时，曹操说已分配好了：夏侯惇坚守襄阳；曹仁掌管荆州；特任张辽为主帅，李典和乐进为副帅，驻守合淝要地。待曹操分好工，就率诸将回了许都。曹仁将南郡和彝陵交由曹洪把守，以防周瑜侵犯。

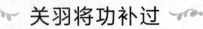

关羽将功补过

义释曹操后，关羽率军回到夏口。而其他各路人马都带回了财、器、粮及马等，只有关羽一无所获地前来拜见刘备。关羽到时，刘备和诸葛亮恰在庆祝。诸葛亮急忙离席，举杯相迎，向关羽献上贺词，可见关羽一声不吭。诸葛亮以为是由于没有远迎他而令他不悦，就转身责怪属下没有通报。而关羽却示意是来请求赐死的。诸葛亮不解：难道是曹操没走华容道？从关羽口中得知他故意将曹操放走，并没有虏获一兵一卒。诸葛亮一听，便知晓是关羽对曹操念旧情，将其放走，加上先前立有军令状，认为要依军法来治罪了。因此，他命武将把关羽拉出问斩，这时，刘备前来求情，说到他三人结义，并立下同生共死的誓约，若杀他，就是违背誓约，希望让其以后多立大功来赎罪，这才劝动诸葛亮饶关羽不死。

周瑜赢了曹操后，随即开始攻打南郡。谁知在周、曹两军厮杀之时，诸葛亮借机命赵云将南郡拿下，襄阳被关羽所占，张飞又攻下了荆州。周瑜气急了，欲发兵刘备，又恐曹操突袭，因此，就命鲁肃将荆州要回来。诸葛亮对鲁肃讲道，荆州原就属刘表管辖，现在又有了他的子嗣刘琦，此地就是刘琦的了，假如没有刘琦了，自然会送还东吴，鲁肃无奈，只好打道回府。于是刘备召集众人，商议如何长期驻守。此时，伊籍将智士马良举荐给了刘备。马良分析：荆襄很难驻守，应向南攻占零陵（今湖南长沙永州市）、长沙、武陵及桂阳，将夺获粮财作为首要任务才是。因此，刘备首先送刘琦至襄阳，将荆州交给关羽驻守，令刘封和糜竺管理江陵，他亲自率兵拿下零陵，接着桂阳和武陵先后被赵云、张飞攻下。关羽请战攻取长沙，刘备高兴极了，就命张飞连夜赶去接管荆州，命关羽夺占长沙。

关羽赶来后，随即参拜了刘备和诸葛亮。当时张飞拿下武陵，赵云攻下桂阳，皆有三千人马随行。韩玄是长沙太守，但没有什么能耐。可他有名猛将叫黄忠，字为汉升，祖籍南阳，之前是刘表旗下的中郎将，和刘磐即刘表的侄子一起据守长沙，之后才来到韩玄麾下。黄忠虽已五十多岁，可仍然所向披靡，骁勇善战，诸葛亮告诫关羽不能掉以轻心，人马一定要多带。可关羽却不以为然，直说自己只用部下的五百刀将就能拿下长沙，并夸下海口定会取来韩、黄的人头，前来献上。刘备劝了好久也无济于事，关羽走时，只带了五百刀将。诸葛亮见关羽这么小看敌手，怕出事，便嘱咐刘备，让其接应关羽，因此，刘备也领着兵马向长沙进军。

韩玄脾气狂躁，残暴成性，诸将对他很是不满。听闻关羽来战，韩玄随即传唤黄忠前来共议战计。黄忠开的弓足有二石力，从未失过手，他十分自信，直说用他的弓和刀就能杀得关羽措手不及。杨龄是管军校尉，正值黄忠话际，他便声称自己就可拿下关羽，不需劳黄忠大驾。韩玄高兴极了，随即命杨龄带兵马一千，快马出城迎战。行至五十余里时，忽见前方漫天飞土，一看，才知是关羽大军。双方开战，杨龄跨马持枪，于阵前对关羽破口大骂。关羽气极了，默不作声，随即纵马挥刀冲向杨龄。杨龄持枪对抗。关羽在三个回合之内便把杨龄砍落马下。关羽乘胜追击，直逼长沙城下。听闻战况，韩玄吓得手脚哆嗦，即命黄忠出战。而他自己却于城头观战。黄忠骑马持刀，带了五百战骑从吊桥飞奔过去。

见到此人，关羽思量着这个必定就是黄忠了，随即命五百校刀手呈一字形排列，在马背上持刀询问来者是不是那黄忠，黄忠应声道关羽不自量力，关羽声称是来拿他人头。之后，两人骑马对战，一百余回合过去了，还分不出高低。韩玄恐黄忠出事，下令退兵。黄忠听命收兵进城。关羽随即也撤到城外十里处扎营，暗暗思忖这黄忠确实非同凡响，战来战去找不到他的弱势，再战时，决定要用拖刀计对付他。

关羽于次日早饭后，又率兵临城。韩玄坐于城头，令黄忠迎战。黄忠率数百骑士拼杀穿过吊桥，之后又和关羽交锋，五十几个回合下来，谁也没有占上风，两军都在旁欢呼喝彩，过了不久，关羽勒马转身

忠义神勇
关羽

欲走，黄忠追上，关羽欲舞刀砍向黄忠，乍闻身后一阵响声，扭头便见黄忠的战骑失了蹄，将他翻落在地。关羽赶紧勒马回头，挥刀大喝让黄忠换匹战马再战。黄忠赶紧提好马蹄，迅速翻上马背，飞奔到城中。韩玄很是诧异，问起缘由时，黄忠说是长久没有征战沙场，有些生手，韩玄又追问为何不用强弓射死关羽，黄忠应道待明日战时会用诈降，将其引至吊桥击射致死。黄忠拜别韩玄后，心想：关羽讲道义放我一马，杀他，我下不了手，可若不杀他，就是抗令啊。因此，他一夜辗转难眠。

次日，天已大亮，关羽再次临城。黄忠又带兵去迎战。两人连战两天，关羽都没有占上风，他心里很急。当日他威武上阵，继续和黄忠对战，三十个回合不到，黄忠装败，返身就跑，关羽随即追来。黄忠念到关羽昨天的恩情，实在下不去手，就将刀入鞘，只是作势拉弓。听闻有弦响，关羽赶紧避开，可并没有看到飞箭；关羽继续追，黄忠仍作势拉弓，关羽又躲，仍看不到箭；关羽想黄忠根本没有射他的意思，于是，又安心追赶。快到吊桥时，不料黄忠于桥上已准备就绪，欲射击他，这次是真的射了，且正击中了关羽的盔缨根。前方众将一起大喊。关羽大惊，赶紧持箭返营，方知黄忠的箭术非同凡响，心想：今射我盔缨，原来是在报恩。因此，关羽打算暂时撤军。

黄忠回城拜见韩玄，不料韩玄竟命人拿下黄忠。黄忠直说自己没有罪，韩玄非常生气，斥责他说，观战三天，发现黄忠故意懈于作战，并存有阴谋，认定黄、关前后都放对方一马，必有勾结。韩玄便决心砍了黄忠，以免成患，就下令将其斩于城门外。诸人欲劝，韩玄遂下令谁求情便一同杀了去。

刀手将黄忠押至门外，欲下刀时，一小兵突然提刀砍杀，杀了刀手，将黄忠救了，并高声叫嚷黄将军是长沙的守护神，若杀他，百姓怎么活，韩玄不知好歹，暴虐成性，诛杀他才是正道！此人极力号集众人组成杀韩联盟。

待众人细看，便知是义阳人魏延，他满面通红，目光发亮，曾于韩玄麾下做事，可韩玄看他目无尊者，骄傲自大，一直没有重用他，因此魏延长久以来心中有气。这日，魏延将黄忠救起，呼吁民众共同去取韩玄人头。他的一声呐喊，竟然喊来好几百人。不顾黄忠阻拦，魏延直逼城头，提刀就取了韩玄人头。魏延拿头翻身上马，众人跟着他出了城，投奔了关羽。关羽高兴极了，即刻动身进城，待安抚过百姓后，关羽急于见到黄忠，便差人去请，不料黄忠竟借病不与之相见。关羽赶紧差兵请刘备和诸葛亮前来帮忙。

自从关羽出战长沙后，刘备一直很忐忑，随即就和诸葛亮督促军马前往长沙接应。行程中，青旗突然倒着卷起，又从北面飞来只乌鸦，接连叫唤三声，向南飞去了。刘备便询问军师吉凶如何，诸葛亮随于马背上占了一卦，卜得的结果是关羽已攻下长沙，刘备又增了一员猛将，在午后便能知晓。不久，一信者来报，说是关羽取了长沙，正待刘备前去。刘备高兴坏了，便带军奔向长沙。关羽将其接至大堂，将黄忠、魏延之事说与刘备听，之后又为刘备引荐了魏延，行了跪拜之礼，刘备心里美极了，便命魏延跟着关羽当副将。后来，刘备亲临黄忠屋舍，至此，黄忠才愿意投降，且恳请把韩玄葬于长沙东面。

刘备非常敬重黄忠。黄忠向刘备推荐了正居于攸县的刘磐（刘表的侄子），刘备差人请回刘磐后，命他驻守长沙。四郡这才算全部得到，刘备便领了大队人马返至荆州，将油江口（今湖北公安县东北）换名作公安。自此后，刘备国力雄厚，能人智士皆闻名而来。

孙权讨荆州

由于刘琦沉迷酒色，身体渐垮，后来就过世了。刘备和诸葛亮合议由关羽接管襄阳。此时，听到刘琦的死讯，孙权随即前来讨要荆州，诸葛亮拿鲁肃当保证人，许诺待攻下西川（治所在蜀郡成都）后务必会还回。无奈，鲁肃只能返回，上报孙权，孙权很生气，请来周瑜共同商讨。正在此时，周瑜听闻甘夫人寿终了，心生一计：撮合刘备和孙权之妹，将刘备引来，取之头颅。谁料此计被诸葛亮智用，刘备不仅完好无损，又带了个夫人回来。周瑜赔了夫人又折兵，气得一命呜呼了。孙权无奈让鲁肃担任都督，统领全军。

后来刘备率兵去取成都，谁料曹操乘机夺了襄阳，而孙权又用计谎称家母病危，骗回了孙夫人，因此，刘备便将荆州交给关羽驻守，自己和诸葛亮直取汉中，此时，廖化又带了一队人马来投奔刘备，刘备随即派他去荆州相助关羽。

马超曾是投靠到张鲁（汉宁太守）旗下的一员，由于张鲁错听小人谗言，便想杀了马超，所以他来投奔刘备，协助刘备击垮了刘璋（益州太守）及张鲁。至此，西川的大片土地都归了刘备所有，他亲自掌管了益州牧，封赏了全朝的文武大臣，且预备封号加爵。

孙权知道刘备拿下了西川后，就请来谋臣顾雍和张昭共商大计，说是刘备攻下西川便还他荆州，今刘备已如愿得到巴蜀四十一州，理应该还了，如若不然，他便起兵伐刘。张昭建议说，吴中才从战乱中过来，再大动干戈不妥。他有信心能让刘备还回荆州。当孙权问及有什么良计时，张昭便道出计策：刘备打仗靠的是诸葛亮，今其兄长诸葛瑾是孙权麾下的一员，可抓捕诸葛瑾全家，逼迫诸葛瑾请求诸葛亮，让其劝说刘备归还荆州，若诸葛亮不依，再说出会连累诸葛瑾全家性命的利害关系。诸葛亮念及亲情，必然能同意。孙权想到诸葛瑾本乃讲信义之士，抓捕其全家，实在心有不忍，张昭见此景便劝说道，让诸葛瑾明白此计，便可无事。因此，孙权召唤诸葛瑾全家来府，一并软禁于内，接着就差诸葛瑾前往西川。

几个时日后，诸葛瑾刚来到成都，刘备就听到消息了。刘备忙向诸葛亮询问诸葛瑾所为何事，诸葛亮断然答道是讨要荆州的，刘备急问军师对策，两人想出计谋之后，诸葛亮便前去城外迎接其兄长，且送至客栈暂歇。到屋刚坐不下，诸葛瑾便哭起来，诸葛亮问及为何事大哭时，诸葛瑾才说起自己全家在孙权手里的事，诸葛亮忙劝慰兄长，说荆州马上就会送还，不会让兄长全家受牵连的。

诸葛瑾十分高兴，于是和诸葛亮一同参拜了刘备，将孙权书信也

忠义神勇 关 羽

一并奉上。刘备看后大怒，斥责孙权之前趁机骗回刘夫人，这是个大仇，今他正准备去取江南，不料孙权还挂念着荆州。诸葛亮跪拜于地，痛哭不止，直说孙权软禁了兄长全家，如不归还，兄长一家老小就会遭遇不测，若兄长不能活，诸葛亮便也不能独活。恳请刘备给予薄面，割荆州给孙权，让他们兄弟今后不为难，刘备还是不依，诸葛亮只是泪流满面地恳求。最后，刘备松了口，说是顾忌到诸葛亮，就分给孙权一半荆州，包括桂阳、零陵和长沙，诸葛亮随即让刘备写下书信，让出三郡，让诸葛瑾转交关羽。刘备又嘱咐道关羽脾气不好，务必要说些好话才行。

诸葛瑾告别了兄弟与刘备，带上书信直达荆州。关羽请他入座中堂，诸葛瑾拿出书信，将刘备已同意割让三郡之事说与他听，并希望关羽能及早交割，好早日回去交差。关羽脸色大变，嚷道当初桃园结义，与刘备誓死保卫汉室，今荆州属于大汉，不能随意赠送他人，并示意他不会听刘备的，有书信也不行。诸葛瑾忙恳请道，说是孙权抓了他全家，若见不到荆州，他全家恐性命不保。请求关羽能松松口，关羽一听便说是孙权的诡计，诸葛瑾仍不放弃，可眼见关羽就要拔刀，关平顾忌到诸葛亮的面子上前劝阻了一番，关羽这才没有动粗，声称是为了诸葛亮，不然必让他人头落地。

诸葛瑾很是窘迫，赶紧又跑去西川找诸葛亮。可恰逢诸葛亮外出，诸葛瑾只能去恳请刘备了，他将关羽欲砍他之事说与刘备听。刘备劝道，说是关羽性情暴躁，不好沟通，想先请诸葛瑾返回东吴，待大汉拿下汉中及东川各郡后，再让关羽接管这些郡，那时才好将荆州交与东吴。

　　无奈，诸葛瑾返至东吴，将事情的来龙去脉说与孙权听。孙权气极，叫嚷道让诸葛瑾来回奔波，定是诸葛亮的计谋，诸葛瑾急忙否认，说是在诸葛亮的苦苦哀求下，刘备才答应归还三个郡，可不料关羽誓死不放手。孙权听后，便想出计策，说是既然刘备已经允诺，那东吴就派出大将前去接管三郡，再看是什么情况。诸葛瑾也表示赞同。随即孙权放了诸葛瑾全家，之后又命人去接管三郡。不久，前去接管的官差全被撵回来了，并告知孙权说是关羽不准，让他们半夜就走，动作慢一点，就要了他们的脑袋。

　　孙权差人唤来了鲁肃，并责备他说他曾作为刘备的保人，将荆州借走，现在刘备已攻下西川，反而出尔反尔，鲁肃说心已有良计。孙权忙问是什么，鲁肃道："先让吴军于陆口驻扎，之后差人请关羽赴会。若他愿意来，我们就说些好话来规劝；如若不然，那就设下埋伏，让刀手取了关羽人头。然后立刻发兵直取荆州。"孙权连连称赞并说准备开办，可谋臣阚泽却不同意，说是关羽乃一员猛将，非同凡响，一旦失策，怕是反被他夺了性命。孙权大怒，不听劝，随即命鲁肃及早做准备。告别孙权，鲁肃行至陆口，将甘宁、吕蒙召集来共同商讨此事。达成一致后，鲁肃就将酒宴摆于陆口营外的紧挨江边的亭子里，写了一封邀请函，差了个说客乘船过江，前往荆州。关平于江口问及何事后就将他带至荆州，拜见关羽后，这人便向关羽传达了鲁肃的诚恳之意，又递上了邀请函。待看了请函，关羽说是能感受到鲁肃的真诚，次日，他就会去赴宴，并让使者先回去。

忠义神勇

关羽

使者走后，关平就说，鲁肃绝对是心怀鬼胎，疑惑关羽为何答应，关羽笑说心中早已有数，并断定是为了讨要荆州之事，要是他不赴约，东吴就会说他是胆小鬼。他决定次日自驾轻舟，随身携带一把大刀，让十来名将士跟着，谅鲁肃奈何不了他。关平劝解父亲不用亲自前去，害怕出了差池。关羽却无所畏惧，说自己曾所向披靡，英勇杀敌，今又岂怕了他几个小卒不成。马良也来劝谏，说是虽鲁肃有尊者威严，可现在事关重大，他必图谋着什么。劝关羽不能贸然前行，关羽应道："战国时期，赵国的蔺相如虽不会一点武功，但还能于渑池会上无视秦王；现今我全身都是武功，怕什么，既已，便不能反悔。"马良看关羽意已决，只好说他也要预先筹备一下。于是，关羽吩咐关平选定十艘上好船只，让五百懂水性的士兵藏于内，守候于江上。到时候再依信号为准，杀过江。关平受命后，随即开始筹备有关事项。

听闻使者来报，鲁肃知道关羽已同意赴约，次日就到。于是，鲁肃和吕蒙一块商讨如何应对关羽。吕蒙的意思是，若他没有人马跟随，就派五十刀手潜在亭子后面，于酒席上取了关羽的人头。若关羽率兵赴约，那他就会和甘宁兵分两队，潜伏于岸丛中，听到炮声后，就开始拼杀。次日，鲁肃差人于岸口观望。在辰时看到江面上驶来一条船，就只看见几个水手。船上一红旗迎风飘荡，显然能看出是个"关"字。船慢慢靠岸，见穿戴青巾绿衣的关羽坐于船中；一旁是捧着大刀的周仓；其他有八九个是关西汉子，腰里都挎着刀。鲁肃很是疑惑，请关羽进入庭内。待礼节施完后，两人就开始入席喝酒。鲁肃劝酒，但不敢抬头看关羽。而关羽却很镇定，依旧说说笑笑。

片刻过去，鲁肃开口说是有话要说，提到刘备当初拿他当担保人，对孙权许诺，攻下西川后就归还荆州。可现在已获西川，还不送还荆州，这是不守诚信的表现。关羽示意此乃国事，不便在酒桌上商议。

鲁肃仍不放弃，又提到孙权的领地就只有江东，之所以借荆州给刘备，是看当时刘备打了败仗，又没有安身的地方。可如今刘备取了益州，荆州是时候得回到东吴了。现在倒好，刘备松了口，愿割让三郡还给孙权，可关羽又不同意了，这于情于理都不合适。

关羽却认为刘备大军在乌林大战冒死杀敌，占了一席之地，现今鲁肃又想讨要走，这太没有天理了。鲁肃连连否认，说是刘备曾和关羽在长坂之战中战败，精力消耗殆尽，孙权看刘备连安身之处都没有，便心生怜悯，暂借荆州给刘备以安身，可如今刘备得了西川又霸了荆州不还，背信弃义，这会让天下人拿来当笑柄。

鲁肃之意就是让关羽点头。关羽直说此乃刘备之事，他不好插手，鲁肃继续提起刘备与关羽曾桃园结义之事，又结了生死之约，刘备、关羽不分彼此，借机让关羽不好推辞。没待关羽开口，周仓就于台下大声叫嚷着有德之人都能享用天下之地，东吴不能据为己有。关羽大怒，起身将周仓举着的大刀夺了过来，立在庭里，对周仓使眼色，责骂他不应插话，令其退下。周仓明白其意后，就退回岸边，摇旗示意。关平随即驶船急速奔往江东。关羽左手拉着鲁肃，右手拿着刀，假装是喝醉了，嘴里咕哝着，说是今日宴会不想鲁肃总说荆州，他醉了，怕伤了和气。以后会挑个日子邀请鲁肃前往荆州参加宴席，那时再提此事不迟。鲁肃吓得直哆嗦，甘宁和吕蒙看关羽拉着鲁肃来到江边，带着人马欲杀出，可又恐关羽伤了鲁肃，不敢轻举妄动。关羽走到船边，方松手辞别鲁肃，鲁肃只能眼睁睁地看着关羽的船只渐远。

关羽被后人大为赞扬，并有诗赞道："藐视吴臣若小儿，单刀赴会敢平欺。当年一段英雄气，尤胜相如在渑池。"鲁肃和吕蒙讨论接下来该如何做，吕蒙建议先报知孙权，随后再去攻打关羽，鲁肃即刻便差将上报孙权。听闻消息后，孙权大怒，想要倾尽兵马直取荆州。不料突然有人上报说曹操带三万大军来攻，孙权赶紧令鲁肃放弃攻打荆州，率军赶往濡须（今安徽无为县北）和合淝，与曹军厮杀。

诸葛瑾求亲

曹操于许都（今河南许昌县张番乡古城村）欲发兵向南起征，谋士傅干考虑到有西蜀的崇山挡着，东吴的长江又很险峻，不易获胜，应先养足兵力，再找机会动手。曹操很是赞同，于是撤军，大建书院，广招贤人。建安二十一年（216年），众臣在夏季五月期间，呈表上奏汉献帝，赞扬曹操的功劳之大，连周公伊尹也无法达到，理应封曹操为主。汉献帝无奈，命钟繇拟了草诏，将曹操封为魏王。曹操故意推脱，皇帝下诏三次才接受，跪拜后被封了魏王的爵号，又加冕十二旒，坐了金根车，驭着六马，以皇帝车服銮仪，并出警入跸，于邺郡建起了宫殿，将其长子曹丕立为世子。

成都城内，众人极力劝谏刘备立王，刘备看形势所逼，就于建安二十四年（219年）的秋季七月间，自封汉中王；其儿刘禅被立为王世子；诸葛亮被封为军师，掌管全部军事；关羽、赵云、马超、黄忠及张飞被封作五虎大将，魏延任汉中太守一职，剩下的按功加爵。刘备自立了汉中王后，随即就修好一道表，令将士送去许都。

待表至许都，听闻刘备成了汉中王，曹操暴跳如雷，痛骂刘备，并即刻下令倾全国之兵力至两川和刘备对战。司马懿在此时劝解曹操，切勿让愤怒冲昏了头脑，不用劳曹操大驾就可。他献上一计，不用大动干戈，就能让刘备于西蜀自食其果；待刘军人困马乏之时，派一将去作战，就能取胜。曹操笑问司马懿有何良计。司马懿应道：孙权把其妹嫁给了刘备，可又用计骗了回去，加上今刘备不肯归还荆州，两人的仇怨不可化解。现在，曹军应差一名说客带上曹操的书信，送交到孙权手上，规劝其发兵荆州。这样，刘备必带两川的大军到荆州支援。这时曹操再举兵汉川，让刘备无能为力，便可大事告成。曹操当即就写了书信，差满宠连夜送给孙权。

听闻满宠前来，孙权召集各智士商讨。张昭认为吴、魏本无纠葛，由于当年诸葛亮从中作梗，两军才会一直对战。现在满宠的到来就意味着要和解，理应以礼相迎。因此，孙权命各谋士去城外迎接满宠。满宠将曹操书信报呈上去，并提到两家本无纠葛，可因刘备挑拨，才让两家反目。曹操命他来，就是有意与孙权共同攻打荆州，而曹操会举兵汉川，前后夹击刘备。灭掉刘备后，两家可平分蜀国土地，约定不再互扰。看过书信，孙权摆了酒席，款待了满宠，后送其到客栈休息。

孙权召集诸谋臣共同商讨对策。顾雍说："满宠虽只是说得好，但也可信。我们可先将满宠送走，和曹操约好，前后夹击，同时差人去江那边打听关羽有什么行动，再伺机行动。"诸葛瑾心有一计，说是自己曾闻关羽掌管荆州后，刘备为他操办了桩婚事，先后又有了一儿一女。其女尚小，还没说与他人。他自请到荆州去为孙权的世子提亲。若关羽点头，就和关羽商量联盟起兵曹操；若关羽拒绝，东吴就和曹操一起打荆州。孙权依计将满宠先送到许都，之后就命诸葛瑾前往荆州。进城后，诸葛瑾将提亲一事说与关羽。但关羽很生气，大嚷不会将其女嫁于东吴，说是碍于诸葛亮面子才没砍了诸葛瑾，要他休要再提，之后便让部下撵走了诸葛瑾。

诸葛瑾狼狈地跑回东吴，将经过一五一十告知孙权。孙权随即召集满朝文武，共商攻打荆州大计。智士步骘说道，曹操对大汉垂涎已久，本就对刘备有所顾虑，而今怂恿东吴攻打刘备，是想将罪名推到东吴身上。孙权应道自己对荆州也是朝思暮想。步骘劝道，现在曹仁于樊城和襄阳驻兵，避过长江，在旱路就能破荆州，根本不用劳孙权大驾，就能如愿，可见曹操居心叵测。他建议孙权派人前往许都请求曹操下令，让曹仁于旱路攻荆州，关羽定率荆州大军去破樊城。若关羽行动，孙权就能令一猛将借机去破荆州。孙权随即派人渡江，将此事上报给曹操。于是曹操命满宠为谋士，到樊城帮助曹仁，商讨发兵，同时又给孙权送信，让他率军于水路相接，直破荆州。

刘备于成都建了宫殿，置办了屋舍。后来就开始囤积粮草，打炼兵器，意在破中原。线人听闻曹操与孙权结盟，欲破荆州，随即送信给刘备。刘备急召诸葛亮与之商讨。诸葛亮说是已想到曹操会有那个私心，可孙权又有多人出谋划策，必让曹操命曹仁提前发兵。刘备询问有何良策。诸葛亮建议差人将官诰交与关羽，让他去攻樊城，吓吓敌军，让其军心动摇。刘备很是高兴，即刻便命前军的司马费诗带上诰命飞奔至荆州。

关羽到城外相接。待入城后，关羽忙问刘备给了他什么爵位，费诗道乃五虎将之首。关羽又问何为五虎，费诗便说是关、张、赵、马、黄五将，关羽大怒，嚷道张飞、赵云、马超都可与他齐名，黄忠不过是个老匹夫，不愿与他并列，也不受将印。费诗笑答关羽所言差矣，并提起高祖和曹参、萧何于当年共办大事，关系很是亲密，可韩信作为楚国亡将仍被封了王，甚至高于曹、萧的爵位，可是曹、萧从未抱怨过。今刘备虽封了五虎将，可仍将关羽视为亲兄弟，不能分离。两人不分彼此，这和旁人是不一样的。刘备对关羽情深意重，关羽应与之同甘苦、共患难，在官职的高低上应心胸宽阔。关羽听后终于明白，连连拜谢，接受了将印。

之后，费诗传达了刘备的号令，让关羽去攻樊城。关羽受命后，立即命副将糜芳和傅士仁率领一支人马驻扎于荆州城外，同时又为招待费诗，于城里摆了宴。饮至二更时，关羽乍闻城外营内着火，赶紧披袍上了马，到城外一查究竟，方得知是糜芳与傅士仁喝酒，在帐后留下了火苗，着燃火炮，撼动了营寨，粮草及兵器全被烧没了。关羽赶紧召兵扑火，四更时大火才被扑灭。关羽进城后，召来糜、傅二人，斥责了一番，并将两人各打四十杖，命人将他们的先锋印绶收了，又惩罚二人，让傅士仁守在公安，让糜芳驻守南郡。

关羽随即命关平当副将，廖化当先锋，他又命伊籍、马良作中军参谋，带上这三人同行。胡华之子胡班曾至荆州投靠关羽，关羽为报救命之恩，就让费诗带着他回蜀，让刘备封他个爵位。告别关羽后，胡班跟着费诗，去往了蜀中。

关羽祭过"帅"旗后，在帐中休息。突见一庞大的黑猪，跑到帐内，直啃他脚。关羽气急，赶紧拿剑砍它，猪叫得撕心裂肺。关羽顿时从梦中吓醒。他立马觉得左脚很疼，很是奇怪，找来关平，对他说了刚的梦。关平说这是龙象，意味着腾达，让父亲无须疑虑。之后，关羽叫来诸位大臣，询问这是什么预兆。官员们各执其辞。关羽说自己快六十了，此生没虚度，死了也无遗憾。正说着，有差使到来说是传刘备的号令，封关羽为前将军，赐予假节钺的权利，掌管荆襄九郡的事务。众臣纷纷向关羽道贺，说此乃是猪龙祥兆，关羽深信不疑，率军直取襄阳。

曹仁突闻关羽率军来此，欲守在城内，副将翟元不解，说是曹操现在命曹仁和东吴一块破荆州，关羽今日找上门送死，为何要有意躲避，而满宠建议不能轻看智谋双全的关羽，说坚守才是良计。骁将夏侯存则不同意，提及兵来将挡之理，执意抗敌。曹仁便命满宠守着樊城，他自己率军对抗关羽。

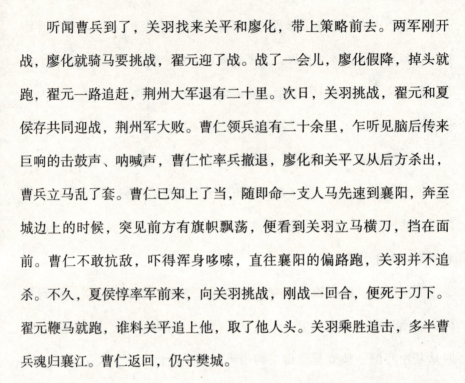

听闻曹兵到了，关羽找来关平和廖化，带上策略前去。两军刚开战，廖化就骑马要挑战，翟元迎了战。战了一会儿，廖化假降，掉头就跑，翟元一路追赶，荆州大军退有二十里。次日，关羽挑战，翟元和夏侯存共同迎战，荆州军大败。曹仁领兵追有二十余里，乍听见脑后传来巨响的击鼓声、呐喊声，曹仁忙率兵撤退，廖化和关平又从后方杀出，曹兵立马乱了套。曹仁已知上了当，随即命一支人马先速到襄阳，奔至城边上的时候，突见前方有旗帜飘荡，便看到关羽立马横刀，挡在面前。曹仁不敢抗敌，吓得浑身哆嗦，直往襄阳的偏路跑，关羽并不追杀。不久，夏侯惇率军前来，向关羽挑战，刚战一回合，便死于刀下。翟元鞭马就跑，谁料关平追上他，取了他人头。关羽乘胜追击，多半曹兵魂归襄江。曹仁返回，仍守樊城。

关羽拿下襄阳，犒赏大军，安抚百姓并让司马王甫在江边上或者离江二三十里处，找高地建烽火台，各派五十兵将驻守；如果吴军过江，白天就用烟，夜间就用火为信号谨防吕蒙来攻。随后关羽让关平预备好过江的船只，直取樊城。

忠义神勇 关 羽

第五章

将星陨落

　　对于关羽的死，我们可以从关羽自身去寻找原因，比如说他的骄傲轻敌，终至后院失守，他没有很好地执行诸葛亮"东和孙权，北拒曹操"的政策，使得东吴发兵袭其身后。其实，荆州之失有它的必然性，并不是像人们所说的"大意失荆州"。因为荆州本身所具有的战略地位，使得凡是想成就王侯霸业的人，都想去占有它。

战庞德不幸中箭

　　曹仁失了两员战将，回到樊城，拉着满宠，后悔当初没听他劝谏，打了败仗又丢了襄阳，不知现在如何是好。满宠仍说和猛将关羽对抗，定要坚持守城才是关键，话际，听得关羽过江至此，要破樊城。曹仁吓坏了，满宠强调只可坚持守城。部将吕常却大声要求曹仁拨他几千名将士，于襄江中将关羽大军拦住。满宠忙劝说不可行。吕常很生气，说是光守不打，不能退敌，又提到兵法有"军半渡可击"的说法。今关羽大军正过襄江，是攻打他的最佳时机，等过了江，就不好取胜了。因此，曹仁让他带两千将士，到樊城外出战。待吕常至江口，见关羽从前方的旗帜间，跨着马拿着大刀出来。吕常欲迎战，不料背后的大军却被威武的关羽吓散了，叫都叫不住。关羽借机杀来，大胜曹军。

　　樊城危急，曹操即刻命于禁为南征将军，由其率领由北方精壮之士组成的七军前去解围。然大军少一先锋。曹操便在众将士中找寻。忽阶下一人朗声应道："某愿为魏王前驱。"曹操循声望去，一看大喜。自荐的不是别人，正是庞德。这次前往樊城对手是关羽，他战吕布、斩华雄、斩颜良文丑，可谓打遍中原无敌手，但是，这庞德也不是吃素的，可堪一战。曹操想到此，立刻加封庞德为征西都先锋，择日出军。

然而当晚曹操却命人拿下他的先锋印。庞德不解，便冒死相问。曹操叹息道："我自不疑汝的忠心，然怎奈今日许多臣将向孤进谏说你只是一名降将，且故主马超，兄长庞柔俱在西川为刘备效力，故不堪此重任。我若执意用你，众臣不服啊。"曹操说得很是坦诚，并做出无奈的神情。庞德叩谢了他的知遇之恩，默默退出曹操府邸。

其实，进谏者不是别人，正是大将军于禁。当日，领军将校董衡、董超在带领各路小头目参拜过于禁之后，董衡便向于禁说明庞德的来历出身家底。于禁一听立刻便向曹操报告，要求换一名先锋官。曹操也不是用人不疑之人，听完于禁的提醒，心中起疑，这才收了庞德的先锋印。但是曹操既为人君，御下之术还是相当高明的，把脏水泼向臣下，自己装得无奈又可怜。

庞德出了魏府，心中自是不甘，回到家中，即刻命人连夜打造一口上好的木椟。次日，他将木椟摆放至堂上，然后开始宴请宾朋，妻儿部将均在此。众人看了这架势都忍不住大吃一惊，不知道这不日就要出征的先锋官葫芦里卖的什么药。此刻，庞德站在堂上举杯邀众人共饮，饮罢一回，叫文书笔墨伺候，他一边邀众人饮酒，一边立下军令状。宴罢，派人将状纸送往曹操帐中。只见状纸上写道：臣庞令明拜上，某虽为我王帐下降将，然早已决定忠心报主。故主马超虽勇猛，然少谋略，以致兵败地亡，仓皇入蜀，随了刘备，如今吾二人各事其主，早年恩义，一刀两断，绝无私情。至于兄长庞柔，早年一起居住时，因不堪忍受嫂嫂蛮横无德，醉酒时将其杀害，至今骨肉如仇敌，立誓永不相见。臣自降魏王以来，深感我王雄才大略，知人善任，不以贰臣待我。古人言，士为知己者死。臣欲趁此机以报我王知遇之恩，虽刀山火海，万死不敢辞。臣此去樊城与关羽决战，非臣死即关羽亡。故造此棺，待决战之后，此棺之中，非臣之尸，便是关羽首级。臣仅以此棺明志。臣之心，皇天后土所共见。臣之子庞会，有异象，若臣不能来归，敬请魏王准我儿入军中历练，待他日为臣雪恨，为王驱遣。降臣庞德再拜稽首。

曹操看到此状，感其忠义，疑虑之心顿消。然程昱进谏说庞德仅凭匹夫之勇，绝不是智勇双全的关羽的敌手。于是，曹操下令庞德以谨守为要，切不可轻敌冒进。

关羽虽坐阵帐中，早已对曹军了如指掌，对于禁他自是不放在眼里。而对于那个抬着棺材来打仗的庞德，也只是冷冷一笑，志在必得。探子来报，庞德在军前叫阵，且出言不逊。关羽命义子关平前去攻打樊城，自己欲亲自拿下这个不知天高地厚的庞德，但是，却被关平劝下。

关平引军出了大帐，与庞德对阵军前，二人战了三十多个回合，却是不分胜负。两军的将士一看如此，便各自收兵歇战。

关羽在帐中得知关平与庞德只是打了个平手，便要亲自去会庞德。当即颁下将令，命廖化围攻樊城，自己披坚执锐，纵马来到阵前。庞德只一句话："我是来取你首级的，你若怕了，便快快下马投降，本先锋饶你不死。"这话激怒了关羽，这个三国中数一数二的英雄何曾受到过这般羞辱。只听战鼓一响，二人一会儿你的刀逼向我，一会儿我又抢占上风。众人看得是眼花缭乱，目瞪口呆。二人直战了一百多回合仍是不分胜负，而且越战越勇。二人都好像是多年不曾棋逢对手的感觉，今日一战，酣畅淋漓。此战可谓是高手与高手的对决，无论是谁稍有不慎，便会丧失性命。魏军怕失了这一员猛将，便鸣金收兵。关平自是求之不得，虽说关羽功夫不错，但是毕竟岁月不饶人，年纪大了，体力比不得当年，战了这么久，消耗肯定严重，于是赶忙也收兵回营。

　　于禁听说庞德与关羽战了一百多回合还不见胜负，便劝庞德谨记魏王的话，以谨守为要。不料一番好意被庞德说成是懦弱怯敌，生气之下便不再劝阻，任由他去。而关羽回到寨中，忍不住对关平及将士感叹庞德的刀法了得，便还要再战。关平劝其不必为一个羌西的小将如此较真，大动干戈，又搬出刘备压他，然而关羽哪里还听得进去，决意再战，关平也没奈何。

　　次日，关羽庞德又在阵前相遇，二人均不说话，见面便打开了。又斗了五十多回合不分伯仲，庞德便开始使诈。他拖刀往回奔去，关羽乃光明磊落之人，自然没有想到他会暗中用计。还是关平眼疾，看庞德假装拖刀，实则是在取弓箭要射杀关羽，急忙大喝一声义父小心暗箭。关羽这才醒悟，躲闪不及，一支冷箭正射在左臂上。庞德见奸计得逞，回身追赶。这一切正被于禁看在眼里，他生怕庞德斩下关羽，功劳盖过自己，便命令将士鸣金收兵。庞德忽听得本营中锣鼓响天，心中疑惑，不再追赶，急忙回营。见营中并无事，就质问于禁为何收兵。于禁早已想出了应答之策，说是关羽可谓当今有勇有谋的第一人，他虽受伤，恐怕是在使诈，他不愿见庞德白白牺牲了。庞德一心只想取关羽首级，只是可惜错失了这次良机，自然想不到于禁的花花肠子。

另一边关平趁庞德回转之时，急忙将关羽救下，回到寨中，查看关羽的伤势，所幸没有射中要害，并无大碍，于是先用了治疗箭伤的药物外敷包扎。关羽气愤不已，想他关羽一生磊落，不料今日竟然栽在小人手里，便发誓，此仇不报非君子。众将士连忙劝其安心静养，不要与那等宵小之人一般见识，正所谓君子报仇，十年不晚，且等上几日，伤口愈合再说也不迟。翌日，庞德又率军前来关羽营前叫阵。关羽就要出阵迎敌，硬是被部下死死劝住。关平命令军士死守隘口，拒不迎敌。庞德见关羽不出，便又叫小军到阵前叫骂，欲使用激将之法，但是，关平并不让部下向关羽报告，以免激怒他。故此，庞德日日来挑战，十多日过去了，还是无人理会。

水淹七军

十多日过去，关羽的箭伤渐渐愈合，关平心下欢喜，忽然探子来报说于禁把大军转移到了樊城之北安营扎寨，关平不知道是何用意，便报与关羽知道。关羽带领随从从高处远远观望。见于禁屯兵在樊城以北十里之远的山谷中，山谷之侧水势湍急。关羽看到这里微微一笑，心下顿生一计。随从见关羽发笑，都问为何。关羽不愧是智勇双全的将才，为将者对于天文地理，用兵之道都颇为精通。原来，于禁屯兵的山谷名叫罾口，此时正值中秋八月，樊城是雨季，接连下了好几场暴雨，襄江水势必然上涨，而于禁处于山谷中，若用大水一淹，于禁的七军可就全军覆没了，鱼入罾口，不是自寻死路吗？此计可谓不战而屈人之兵，实乃上策。众人恍然大悟，都感佩关羽的谋略，各自回去准备舟船用具。

然而，于禁为何突然屯兵到罾口呢？自从庞德连日叫阵关羽都不出迎之后，他便与于禁商量趁关羽受伤不能出战之时，攻入寨中，樊城之危便可以解了。于禁仍是怕庞德若救下樊城，就抢了头功，因此以曹操的谨守旨意推脱，拒绝出兵，并且当即转移了大军阵地，亲自率兵把住大路，而让庞德屯兵谷后，这样庞德便不能成功进军。

魏军中并不乏谋略之士，督将成何一看连日大雨，襄江水一日高似一日，便向于禁进谏，陈明利害，并说关羽把荆州的军士都转移到高处了，一旦关羽用水来攻，本军必败，要求于禁转移。于禁非但不肯听，还指责成何惑乱军心。成何含羞忍愤退了回去，又去见庞德，据实禀报，庞德一听方醍醐灌顶，立即找人商议转移自己的人马。谋划完毕，只待次日移兵。

但是，不料当夜风雨大作，襄江决口，大水忽至，大军毫无防备，军马、将士被冲走的，淹死的有数万人。关羽早已知晓魏军处境，第二天，乘战筏摇旗呐喊。此时，于禁、庞德等人在军士的救助下正在一个小山丘上躲避。于禁一看大势已去，只剩下军士五六十人，就向关羽投降，以求生路。关羽先擒了于禁，五花大绑至船上，回头便要战庞德。庞德的军士还剩下五百多人，关羽先命本部人马用弓箭射杀，一时间，

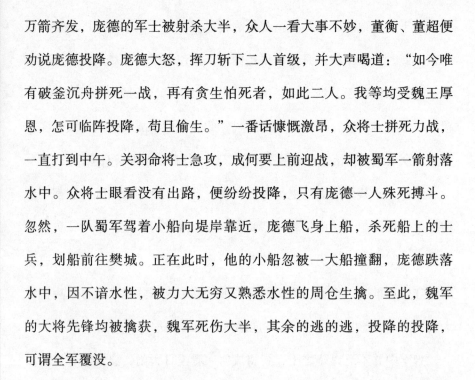

万箭齐发，庞德的军士被射杀大半，众人一看大事不妙，董衡、董超便劝说庞德投降。庞德大怒，挥刀斩下二人首级，并大声喝道："如今唯有破釜沉舟拼死一战，再有贪生怕死者，如此二人。我等均受魏王厚恩，怎可临阵投降，苟且偷生。"一番话慷慨激昂，众将士拼死力战，一直打到中午。关羽命将士急攻，成何要上前迎战，却被蜀军一箭射落水中。众将士眼看没有出路，便纷纷投降，只有庞德一人殊死搏斗。忽然，一队蜀军驾着小船向堤岸靠近，庞德飞身上船，杀死船上的士兵，划船前往樊城。正在此时，他的小船忽被一大船撞翻，庞德跌落水中，因不谙水性，被力大无穷又熟悉水性的周仓生擒。至此，魏军的大将先锋均被擒获，魏军死伤大半，其余的逃的逃，投降的投降，可谓全军覆没。

关羽大获全胜鸣金收兵，回至寨中升帐而坐，命底下军士将俘获的于禁、庞德押上堂来。于禁为了性命早已不顾得什么名节，伏地哭诉求饶。关羽见状冷冷一笑，此等贪生怕死之徒真是枉来世上走一遭，不知曹操怎会用此等小人，故此，并不答话，摆手让军士将其拖下，命押送至荆州大牢，改日再发落。倒是庞德在堂上一直怒目而视，并不下跪。关羽想此人乃难得的一员虎将，要是能为己所用，岂不是美事一件？于是便用其兄长、故主劝其投降蜀军，岂料，庞德宁死不降。关羽没奈何，便命人将其斩首示众，但感其忠心，亲自将其安葬。自此，关羽声威又是大振。此时，大水还未退，关羽又率领部下乘胜前去攻打樊城。

此时，樊城四周被大水所困，水足足有一丈多深。守城的曹仁命城中百姓担土搬砖，填塞城垣。眼看城垣被大水浸塌，军心动摇，众人纷

忠义神勇 关羽

纷劝说曹仁弃城逃跑。曹仁正要逃跑，却突然又在城中安排弓箭手和数百军士日夜守护，并下令胆敢有言弃城者，杀无赦。原来是曹仁帐下谋士满宠进谏，说："大水不日可退，而关羽也断然不会贸然来攻，像关羽那种有谋略之人，必要保其后方平安，所以，他在来攻樊城的同时分兵城下，保全后方。我军只有坚守此城，方可有回转之地，否则，黄河以南俱归刘备，于我军是大大的不利。"曹仁定了定心神，恍然大悟，于是即刻命人死守樊城。终于，过了几日，水势渐渐消退。

却说关羽率军围攻樊城，抵达北门，照例是先骂阵，以扰敌方军心。此时，曹仁正在楼上观看，见关羽叫阵，并不答话，只是吩咐弓箭手准备放箭。数百名弓箭手一齐放箭，箭矢如雨般向关羽袭来，关羽往回走不及，右臂不幸被射中，滚落马下。曹仁一见关羽中箭跌落马下，二话不说带兵冲向关羽，想抓住他好立大功，不料却被关平打回，并救走了关羽。在营寨中，众人为关羽拔出箭头，才发现这是一支毒箭，如今毒入体内，关羽右臂肿胀且无法动弹。众人一看这个情形，都心生焦虑，关羽的右臂若是没了，如何能再驰骋沙场。关平建议不如让关羽回荆州好好治疗，众将都同意，于是便入帐中说服关羽，哪知关羽一听众将前来的目的，勃然大怒："樊城马上就要被我们攻下了，只要攻下樊城直击许都，剿灭曹贼，匡扶汉室便指日可待。如今，你们叫我因这么点小伤就耽误国家大事？你们简直是在扰乱军心！"被关羽一顿训斥，众将只好将此想法作罢。

刮骨疗毒

关羽不肯回荆州医治，但手上的毒疮却是不饶人，于是众将只好四处寻找名医。皇天不负苦心人，一天有人驾着小船从江东而来，此人方巾阔服，臂挽青囊，不似俗人。小校领着去见关平时，他说他是沛国谯郡人，可叫他华佗，听说关羽是条好汉，如今被毒箭所伤，而自己略懂医术，故赶来医治。关平一听可乐坏了，忙带他去见关羽。此时关羽的手臂实在疼痛难忍，但怕扰乱军心，于是叫上马良下棋，来分散注意力缓解疼痛。华佗拜见关羽后，便要求查看关羽的右臂，关羽老实地伸出右臂，华佗看了之后，庆幸自己来得及时，这毒中含有乌头，不早些处理，关羽的这条手臂怕是要废了。略一思索后，华佗已有医治之法，如今要将毒完全清除，保全手臂怕只能是将皮肉割开直到骨头，用刀刮去黏在骨上的毒，然后再上药，缝好伤口，但是割肉刮骨却不是一般人所能忍受，恐怕还需找个柱子钉个大环，将关羽的右臂固定，再蒙住他的眼睛才可行。关羽见华佗紧锁双眉久不出声，便问道："神医，是否手臂无医治之法？"华佗道："那倒不是，只是怕将军无法忍受。"关羽不信："说来听听。"于是华佗将医治的方法一五一十地说了出来，哪知关羽听完，哈哈一笑："这样真是太简单了，费什么劲钉大环啊。"立马下令设宴，他要和华佗喝两杯。

几杯酒下肚，关羽伸出右臂示意华佗可以开始治疗了，这边还在跟马良下未下完的棋局。只见华佗拿出尖刀，命一小校拿盆在下接血。他熟练地割开关羽的皮肉直至骨头，发青的骨头赫然在目，华佗立马用刀细细刮骨，刮骨声令在场所有人侧目，只有关羽谈笑下棋，喝酒吃肉，毫无惧色。没一会儿，骨上的毒都刮干净了，华佗上了药，并用针仔细缝好。关羽笑着起身，直夸华佗是神医，还动动右臂给众将看，说是一点不疼了。华佗心中对关羽十分叹服，行医这么久，如此坚强的人还是头一次见，不愧是大英雄。

华佗治好了关羽，自然受到了厚待，但是他拒绝了关羽所赠的黄金百两，并交代关羽毒虽去，仍要仔细照料，千万不可动气上火，等到一百天后，就会痊愈，留下一帖药敷疮口后，便告辞离开了。

关羽抓了于禁，杀了庞德，守住了荆州的消息吓坏了曹操，只听说关羽智勇双全，没想到这么厉害，现在他占据了荆州，如虎添翼。他重重打击了魏兵之后，要是直击许都那可就难办了。于是曹操召集大臣，宣布了他打算迁都来躲避关羽的气势。这个提议却遭到了群臣的反对，司马懿向曹操仔细分析了当前孙、刘两家不和的局势，提议大可以以割地为诱饵，让孙权背后偷袭关羽，樊城的危机便解除了。曹操便令自告奋勇的徐晃为将带领五万精兵前去抵挡关羽的大军。吕建为副将，立刻动身，到阳陵坡扎营，等东南有了准确回音后再前进。

这边孙权看了曹操的信，满口答应，他立刻提笔给曹操回了一封信，让使者带回。然后召集了大臣们商议此事，但是关羽抓于禁、斩庞德的事早就人尽皆知，众臣助曹操解了樊城的危机后，曹操却不会实现诺言。此时吕蒙乘船从陆口回来，他见到孙权便告知他关羽带兵打樊城去了，现在是攻打荆州的好机会。但是孙权心想着试他一试，便假意说要打北边的徐州。吕蒙听了，略一思索说："现在曹操在河北，徐州的兵应该不多，攻下不难，但是那边易攻难守，且好陆战不利水战。还是先取荆州，占据长江，才是长久之计。"孙权一听，合他心意，于是就让吕蒙尽快制定取荆州的计策。

吕蒙受孙权之命，回马陆口，接到了早先探子呈上的报告，得知荆州军早有准备，沿江二十里至三十里一带的高处都布置了烽火台，且兵马肃整，时刻准备开战。吕蒙登时心下大惊，思及前翻劝吴侯取荆州之言，顿觉苦恼，于是便装病不出。孙权听闻吕蒙有恙，甚是不喜。陆逊得知之后，知道吕蒙必定无恙，乃是装病，于是便告诉了孙权。孙权便命陆逊前去探访吕蒙以辨真假。

陆逊领命，星夜赶至陆口，待见了吕蒙，便觉其人果无病色，乃是装病无疑。吕蒙见是陆逊前来，心中顿感羞愧，竟劳使陆逊前来探营。陆逊对吕蒙略有指责，觉其负吴侯之命，当思用命，乘时而动。吕蒙闻言，虽是心中有愧，但苦于心中无对策，竟是默然不语。陆逊观其状，心中了然，明白吕蒙是顾虑烽火台与荆州兵马，又想到关羽为人较为自傲，自持英雄，如今是畏于吕蒙的名号才在荆州严阵以待，于是献出一计，曰或可治吕蒙心疾。吕蒙遂屏退左右，问计于陆逊。陆逊便让吕蒙称病找人代将军之位，再使人美言于关羽，让其更加自负，等其撤荆州兵马返樊城之后，命人突袭荆州。吕蒙大喜过望，得此良策，连忙拜谢陆逊。

于是吕蒙依陆逊之计，托病不出，上书请辞。陆逊回至建业孙权处，遂将计策详禀于孙权。孙权乃依计召回吕蒙。当年周公瑾任守卫陆口的将领，之后推荐了鲁肃代替他的位子，后来鲁肃离开，推荐吕蒙取代他。现在吕蒙托病回建业，孙权希望他也能够推荐一位有名望有能力的人来坐镇。根据吕蒙与陆逊商量的计策，把守陆口的将领不能有很高的名望，不然无法使关羽掉以轻心。陆逊是个机智有才，并且名声并不昭著，是个上佳人选。于是吕蒙推荐了陆逊作为陆口守将。孙权依吕蒙言，拜陆逊为偏将军、右都督，代替吕蒙出守陆口。一到陆口陆逊便命人备齐名马、异锦、美酒等物，且修书一封，遣使至樊城拜见关羽。

此时关羽正箭疮未愈，需要休养疗伤，所以按兵不动。听说吕蒙告病，被孙权召回建业养病了，并派了陆逊这个名声不显的黄口小儿来守陆口，关羽只觉得孙权短视，召见使者时，言语中也多有轻视之意。来使依旧伏地，并献上礼品及书信。关羽看了陆逊书信，信里的话语极尽卑谦，显然有讨好之意。看完后，关羽仰面大笑，收下礼品，就让使者回去了。吴使见关羽这等狂傲之色，心里知道这计策已经成功了，便回去将情况告知陆逊。

败走麦城

　　吕蒙一面遣使曹军，想要使其引兵击关羽后方；一面传报陆逊，并命素衣摇橹军士快舟疾驰浔阳江，直抵北岸。遇有荆州烽火台守卒查问，便道是吴地商船，只因江中大风，需到北岸暂避，更是以财务贿赂守台荆州士卒，于是得到了应允。等到二更时候，吴军精兵齐出，霎时便将烽火台守将悉数擒下，不曾走漏一人，随后便长驱直入，直抵荆州。然后吕蒙好言劝降先前所擒的荆州士卒，许诺给予重赏，让他们作为内应去诈开城门，得手之后放火为号，吕蒙自己带领江东兵马紧随其后杀入城内。得到了荆州士卒的应允。至半夜，荆州降卒依计行使，城内守卒见是荆州士卒果真大开城门。降卒于是杀入城内，并纵火以示吴军。吕蒙领兵一齐攻入荆州，并且顺利地占领了荆州。得城之后，吕蒙即刻严明军纪，不得扰民，并妥善安置关羽以及所有荆州军军士们的家眷。

　　其后一日不到，孙权便领大军抵临。到达荆州之后，孙权先慰劳全军，然后问计于吕蒙，如何平定公安傅士仁与南郡糜芳。孙权谋士虞翻与傅士仁乃是幼时便相识的好友，听到了孙权的话就站出来请命，愿意前去向傅士仁言明利害，让他来归降吴侯。孙权一听大喜，就命虞翻马上去办这件事。虞翻带了五百士卒，即刻就往公安去了。

傅士仁闻知荆州已失，便坚闭城门不出。虞翻到达公安之后，命令士卒将书信射入城内。傅士仁观之，知虞翻劝降之意，就请虞翻入城相谈。虞翻见到傅士仁，神色诚恳地告诉他吴侯宽宏大量、礼贤下士，非常期盼他能够前去为吴侯效力。并对他许下了厚重的赏赐。傅士仁听后大喜，便随虞翻来降。孙权很高兴，仍派遣他守公安。但现在关羽仍在，让傅士仁守公安，恐怕会有变。吕蒙不是很放心，就劝告了孙权。孙权听了之后，召来傅士仁，以重赏许之，望其能说降麋芳。傅士仁就领了十余骑往南郡去了。

麋芳在南郡，得知荆州已失，正暗自发愁。忽听傅士仁至，便急忙相迎。傅士仁以吴军势大，己方式微，难以抵挡为由，表示并不是自己不尽忠，实在是自己力有不殆，然后劝麋芳与自己一同归降吴军。麋芳仍自犹豫，想到汉中王对自己的厚恩，不忍心背叛。但是关羽先前对他和傅士仁二人多有怨恨，傅士仁就以此为借口，劝麋芳早下决心归降吴军，免得以后关羽得胜归来，秋后算账。到时候肯定不会轻饶他们两个人。麋芳听后却仍旧难以下定决心。

恰逢此时关羽遣使前来催粮，要求南郡和公安两城运送十万石米至樊城，如有耽误，定斩不饶。但如今荆州已失，粮道被断，已经无法将粮草运送过去。傅士仁欲迫反麋芳，兀自斩杀关羽使者。麋芳见之，惊问何故斩杀关羽使者。傅士仁便道此乃关羽想要斩杀二人的计谋，再次劝糜芳投降吴军。二人正自商讨，忽有士卒前来报告，吕蒙已领兵攻至城下。糜芳心知已无计可施，便随傅士仁出城投降。孙权大喜，重赏了二人。

此时曹操在许都，也受到了孙权使者的求见。曹操召见了孙权使者，使者呈上书信，然后禀报曹操不能把这信件的内容传出去。曹操看了之后，告诉众谋士："孙权正在攻打荆州，并希望我能一起攻击关羽，袭其关羽的后方。"谋士董昭于是献策："现在樊城被围，势已危急，可让人先将书信射入樊城内，以宽慰军心；然后让关羽知道，吴军已经攻取了荆州。关羽必定心切荆州，待其退兵的时候，便可令徐晃率军掩杀之，必定可以大获全胜。"曹操依计，一面遣人催促徐晃与关羽交战，一面亲自率领大军至阳陵坡驻扎接应曹仁。

忠义神勇

关羽

徐晃在自己的军帐中接见了魏王使者。使者把魏王曹操的命令告诉了徐晃，要求他奋力与关羽交战，以解樊城之围。此时探马回来报告，关平在偃城，廖化在四冢，前后一共扎寨一十二座，相互呼应，联络不绝，十分难攻。徐晃心生一计，于是命徐商、吕建领兵攻偃城，自己则率领五百精兵沿沔水偷袭偃城后方。徐商、吕建领兵与关平交手，先后败下阵来。正在此时，有士卒报告关平，偃城着火了。关平这下知道自己中计了，马上领兵回援。却碰到徐晃兵马阻断归路，并有魏军士卒大喊荆州已失。关平大怒，上前与徐晃交手，只打了三四个回合，望见偃城的火光越发的大。关平不敢再纠缠，骑马便走，引着败军退到四冢与廖化合兵一处。

廖化把荆州已失，军心不稳的情况告诉关平。关平无奈之下只得严令军中将士不得传播谣言，如有传播者，必当军法处斩。正欲休整，又有快马来报，徐晃正领兵马攻打正北第一屯。此屯若失，各营寨便不得安宁。四冢两侧都靠着沔水，不容易被曹军袭击。关平便与廖化一同领兵前去救援第一屯寨，并命令廖化所属坚守营寨不得妄出，若遇魏军前来，便点火为号。二人领四冢寨内精兵往第一屯而去。抵达之后，看见魏军驻扎于浅山之上，不得地利。关平便趁夜引军偷袭曹营。

　　待到夜晚，关平便率兵马杀进魏寨。刚一进寨，见四下无人，关平马上知道中计了，即刻就领兵退去。就在此时左右各杀出一军，正是那徐商、吕建。关平大败回营，魏军乘势掩杀而下。关平、廖化二人大败而去，丢了营寨，只好带着败军退回四冢。到了四冢，却又发现四冢亦被魏军所据，心中顿时惶恐不安，又带着败军退往樊城大寨。惊慌失措间，又有徐晃兵马拦住去路。二人死战之下，夺路而逃，终是回到了大寨。

　　见到关羽，二人向他禀报，偃城已失，曹操正率大军，兵分三路来救樊城，且有传言荆州已经被吴军占领。关羽大怒，认为这肯定是魏军在乱我军心，吕蒙已经病重回建业休养了，陆逊小儿不足畏惧。

　　此时，有士卒来报，徐晃正领兵马攻至城下。关羽闻之，便令人备马迎敌。关平以关羽箭伤未愈之事劝其不可出战。关羽却不以为意。徐晃与关羽乃是旧相识，如果劝徐晃退兵不成，必定将其斩杀以震慑曹军。

　　徐晃之于关羽，多有仰慕之情，对关羽甚是推崇。二人相见，徐晃先叙私情。关羽闻之，心中略感宽慰，可公私不能混为一谈，徐晃今日毕竟是为魏出战，叙过旧之后还是要为国尽忠。徐晃传令三军，得关羽首级者，赏千金。两人相战八十余回合，关羽渐感臂上箭疮有恙。关平唯恐关羽有失，忙鸣金收兵。回到大寨时，却又忽闻四下喊声大起，竟是城中曹仁得知援兵已至，杀出城来与徐晃会和。登时前后夹击，蜀军大乱，关羽只得领军急奔襄江上流而去。背后魏军复又追至。关羽急忙度过襄江，往襄阳而去。此时却忽有探马来报，荆州已被吕蒙所夺。关羽不敢往襄阳而去，便领了兵马欲至公安。可又有探马回报，傅士仁已降了东吴。一会儿又有催粮使者前来回报，傅士仁为劝降糜芳，已斩杀了关羽使者。

关羽闻言，怒火攻心，疮口迸裂，登时昏厥在地。待得众将将其救醒，关羽思及司马王甫所言，后悔不已，又问探马，东吴进兵荆州，为何烽火台守卒不举火示警？探马回答："吕蒙所部善水者，尽皆着白衣扮作客商，精兵藏于船内，趁夜将守台士卒尽数擒获。"关羽方知自己中了吕蒙之计，只得顿足长叹，唯感已无面目复见兄长！都粮官赵累献策，可一面着人往成都求援，一面从旱路去取荆州。关羽便依计，令马良、伊籍连夜赶回成都；自领兵马先行，廖化、关平二人断后，欲取荆州。

再说樊城之围既解，曹仁领众将来见曹操，伏地痛哭，请求责罚。曹操却认为此乃天意，不是曹仁之过。随后曹操率众将查看蜀军四冢营寨，只见围堑中鹿角数重，布防森严，对徐晃竟能深入其中并获全功，叹服不已，众将亦是深表敬崇。之后曹操班师至摩坡驻扎，待徐晃回营，更亲自出寨迎接，封其为平南将军同夏侯尚共守襄阳。

关羽在前往荆州路上，前有吴军挡道，后有魏军追击，又无援军来救，进退不得，实在是束手无策。赵累认为前时吕蒙曾致书相约两家共诛曹贼，如今却背弃盟约，可派遣使者前去责问他的言而无信。关羽依言修书一封，遣人前往荆州。

话说吕蒙在荆州，申令不得扰民，一应蜀军家眷都是妥善安置。蜀军家眷皆感其恩。吕蒙听说有关羽使者前来，以礼相召，并款待使者。看完关羽书信之后，又回复使者，此番兵事乃是受吴侯之命，君命不可违，非是吕蒙本意。并请使者至关羽处代为缓转，表达善意。随后便令人安排使者至驿馆暂歇，并让使者与蜀军家眷相见，尽皆安好无恙，便也安心回转。有些蜀军家眷也委托使者捎去一些家书信件。

使者回至关羽处，言及一应家眷俱都安好，并且得到了吕蒙的善待，甚感吕蒙恩德。关羽知道这又是吕蒙的计谋，当下怒不可遏，誓要斩杀吕蒙以雪心中之恨。蜀军中多有将士，得知使者刚从荆州回来，多有询问家中之事者。使者也是如实回答，并且将荆州带回的家书转交各位将士。

关羽率军攻往荆州，却有诸多兵士逃回荆州城中。关羽怒气更甚，催军急行。忽闻喊声震天，前方有吴将蒋钦，领军拦住去路，并大声劝降关羽。关羽引军杀去，蒋钦不及三合，便败退而逃。关羽追杀二十多里，忽听喊杀声四起，左有韩当，右有周泰，领兵齐齐杀出。刚才被关羽杀退的蒋钦亦回身杀来。见三军围杀过来，关羽急令撤退。走了没几里路，就看见南山冈上有许多人聚集于此处，又见一面白色大旗上书"荆州土人"四字，山上的人，多是荆州本地人士，不少都是蜀军将士的家眷，纷纷大喊，劝关羽早降。关羽大怒之下，就想要领兵杀上冈去，谁知山崦内又杀出两军，左边丁奉，右边徐盛；后方蒋钦等三将亦复杀至，将关羽团团围住，战作在一处。渐至黄昏时，四山之上俱是荆州之人，呼唤蜀军之中的亲人。蜀军军心更乱，兵士四散。关羽喝止不住，一阵厮杀之下，身边跟随的竟只余三百人。直杀到三更时，得关平、廖化引军自正东方冲杀进来救援关羽，才终于杀出重围。如今荆州境内，唯有麦城（今湖北当阳市内）尚未失守，而且此时军心大乱，正需要一处城池以为依托，整饬军心以待成都援军。所以关平提议，可以暂时到麦城驻守。于是关羽率领残部往麦城而去，一到麦城，就命人紧闭城门，守卫城池，且召来众将商量对策。赵累认为麦城此地与上庸（今湖北竹山县西南）不远，可以派人去上庸向刘封、孟达求援。如果得到上庸之援，再等到蜀中大军一到，则军心自然大定。

城中正自商议，又有士卒来报，吴兵已攻至城下，将城围住。关羽问及诸将何人愿往上庸求援。廖化请愿前往，并有关平护其杀出重围。

刘封、孟达二人因取上庸有功，刘备被封为副将军。二人探知关羽兵败，恰商议此事，忽得报关羽遣廖化至此。

刘封忙召廖化相询。廖化便将关羽军队被困麦城，而蜀中的援兵尚未抵达，恐还需些时日，于是关羽命他冒险突围前来请求支援的事情一五一十地告知。刘封让人安排廖化到驿站稍歇片刻，自己召来孟达和他商量派兵救援麦城的事情。

孟达认为：“吴兵悍勇而据荆州九郡，只余麦城一弹丸之地；且摩坡尚有曹操领四五十万大军屯驻，我等兵马，实不能敌。”刘封闻之，觉得孟达说得很有道理，但是关羽是他的叔父，岂能袖手旁观？

忠义神勇

关羽

孟达则觉得刘封视关羽为叔父，但是关羽却不会视刘封为侄。当年汉中王刘备想要收刘封为养子的时候，关羽就已经表现出不喜的姿态。后来刘备立嗣，询问诸葛亮的意见时，诸葛亮却认为这是刘备的家事，应该询问关羽、张飞二人的意见。而关羽恰恰又认为刘封不是刘备的亲生儿子，不可以将他立为接班人。后来刘备就把刘封安置到了上庸，让他在这里驻守。这件事众人皆知，孟达提起这件事情说服刘封实在不必冒险去救关羽。

刘封听了孟达的言语，于是就决定不发兵救援麦城。但却不知道如何将廖化打发走。孟达觉得可以用"上庸未定，不敢轻易发兵"作为借口。

次日，刘封就按照孟达所说的话告诉了廖化。廖化听了这话，十分镇静，马上跪倒在地，一边磕头，一边请求刘封发兵救援关羽。如果刘封不发兵救援，关羽必死无疑。这时候孟达却说上庸没有发兵救援的能力，无法出兵前往麦城。廖化仍旧跪在地上大哭请求，刘、孟却已拂袖而去。廖化无奈，只能上马出城，大骂而出，去往成都汉中王处求援。

关羽在麦城，苦盼上庸援兵而不至，城中又只余伤兵五六百人；粮草紧缺，无以为继。这厢却有吴使诸葛瑾前来拜见关羽，言其乃封吴侯之命前来劝降。诸葛瑾说："关将军乃是当时人杰，然今只有此处一座弹丸小城，士卒多有带伤，粮草亦是所剩无几；此时当归降吴侯而镇守荆襄，吴侯必使将军家眷周全，望将军三思。"关羽闻之，正色道："我本是解良一武夫，承蒙我主公以手足之情相待，现在我怎么能违背忠义转投敌国呢？倘若城池被破，不过一死而已。玉可碎而不可改其白，竹可焚而不可毁其节，人虽然死了，但名可流芳百世。请您不用多说，赶紧出城去吧！我已决心与孙权决一死战！"

诸葛瑾欲要再劝，关平大怒，正欲将其斩之，却被关羽拦住，并将诸葛瑾逐出。诸葛瑾满面羞愧，将关羽之言回报孙权。孙权深感关羽是真正的忠义之士，自叹不如。谋士吕范善卜，遂以占卜之道卜了一卦，乃是"地水师卦"。解其卦象，乃是敌欲败逃。孙权又问计于吕蒙。吕蒙说："我觉得关羽兵少，逃跑绝对不会选择大路，他肯定会从麦城正北的一处险峻的小路走。所以可以让朱然带领五千精兵在麦城北面二十里处埋伏；到时，关羽的军队一到，从后面掩杀就可，根本不用和他交锋。关羽军队没心战争，肯定会往临沮走。可以让潘璋率领五百精兵到临沮一条偏僻的小路旁埋伏，这样可能能抓到关羽。现在可以让将士到各个门攻打，除了北门，让他可以逃走。"孙权听完，就让吕范再占一次卜。吕范占了一卦，认为关羽会向西北方向逃去，今夜亥时肯定能抓住。孙权听完非常高兴，便让朱然、潘璋带领两支精兵，到各地点进行埋伏。

关羽在麦城清点了军队人数，只剩下三百多人，粮草也用完了。到了晚上，城外吴兵喊着每位军士的姓名，有不少人翻过城头逃走了，而且好久都没等到救兵过来。关羽开始感到烦躁不安，就问王甫有什么补救的办法。王甫边哭边说："如今这种情况，就算姜子牙在，也是没有办法了。"赵累说："上庸救兵没来，一定是因为刘封按兵不动。我们何不放弃这座孤城，先到西川休生养息，再来复仇呢？"关羽同意。于是他们到上城观察，发现北门外没有那么多敌军，就向本城百姓询问

忠义神勇

关羽

道："从这里到北边，地势如何？"百姓回答："往北都是偏僻的小路，可是能到达西川。"关羽说道："今晚就从这条路逃走。"王甫劝说道："小路肯定有埋伏，应该选择大路。"关羽说："我不怕什么埋伏！"于是马上下令马步官军整装待发出城。王甫又哭着说："君侯路上千万要小心多保重啊！我和部卒一百多人就算拼了这条命也一定会守住这座城的。即使城破了也不投降！就等你们回来救援！"

关羽泪别王甫后，便把周仓和王甫留下来一同守麦城，关公便亲自和关平、赵累带领剩下的二百多个士兵，从北门冲出重重包围。关公带着把大刀前进，走到初更，走了差不多二十多里，就看见山凹处响起了鼓声，喊声惊天震地，一彪军队杀到眼前，带领军队的将领朱然骑着马拿着枪叫道："关羽别走！还不快快投降，免你一死！"关羽非常愤怒，拍马抢刀就上来应战。于是朱然就走，关羽乘势追击。没想到又有鼓声响起，周围的伏兵纷纷跳出来。关羽不敢继续应战，只能向临沮小路逃跑，朱然则带兵掩护他。跟随关羽的士兵越来越少了。走了还没四五里，前面又有喊声，在火光之中，潘璋骑着马挥着刀杀过来了。关羽更加愤怒，抢刀迎上去，双方大战三个回合，潘璋就被打败逃走了。关羽不敢继续奋战，赶紧向山路逃跑。关平跟随其后，却被告知赵累已在乱军当中被杀了。关羽无比悲痛惶恐，下令让关平在后，自己则在前面亲自开路，跟随他们的士兵只剩下十几个人。关羽等人走到一个叫决石的地方，这里两面都是山，山边都是芦苇，树木杂草丛生。时间已经将近五点。走着走着，忽然听见一声大喊，两下伏兵被长钩套住，一起举了起来，绊倒关羽坐下的赤兔马，使得关羽翻身从马上掉了下来，潘璋的部将马忠将其抓住。关平看到父亲被抓住，马上赶过来救援，没想到潘璋、朱然带兵从后面一起杀上来，将关平团团围住。关平孤身奋战，最后筋疲力尽，也被拿下了。天亮时，孙权听闻关羽父子都被抓获，非常高兴，赶紧让众位将士到大帐来议事。

孙权说："我久仰将军的盛德，想和您结盟，不知您同不同意？将军平常都总以为自己无人能敌，没想到今日也会栽在我手里。不知将军服不服？"

关羽严厉地骂他："碧眼小子，紫髯鼠辈！我和刘备在桃园结义，发誓要振兴汉室，怎么可能和你们这些背叛汉朝的叛徒狼狈为奸！我现在不小心中了你们的奸计，要杀要剐随便，何必说那么多废话！"

孙权对众官说："云长是当代的豪杰，我非常喜爱他。我不想动粗，劝他投降，不知大家觉得怎样？"

主簿左咸说："不行。曹操那时候抓到这个人时，给他封侯还赐他爵位，三天一小宴，五天一大宴，上马提金，下马提银，对他这么恩宠，还是没能留住他，任由他斩关杀将离去，才使得今天他反被逼迫，数次要迁都躲避。既然现在主公已经抓获他，如果不马上将其除去，肯定会留下后患。"

孙权沉默了一会儿，说道："说得对啊。"于是下令将其推出去斩首。

就这样关羽父子都被杀死了。时间为建安二十四年（219年）冬十二月，那时关羽仅五十八岁。

刘备称帝

关羽被杀，荆州丢失，让刘备失去了直接攻击襄阳、樊城的根据地，也无法从荆州出兵北伐，而且大长了孙权的势力。

在关羽死后不久，曹操在第二年（建安二十五年，公元220年）的元月，因病去世，享年六十六岁。

曹操去世后，他儿子曹丕继任为魏王。就在同年十月，曹丕逼迫汉献帝让位给他，他当上了皇帝，史称为魏文帝，改封汉献帝为山阳公。曹丕称帝后，改国号魏，建都洛阳。

刘备开始得知关羽连连获胜的时候，自然非常兴奋，可诸葛亮提醒刘备要注意关羽的后方，也就是防备孙权。刘备就派人向驻扎上庸的孟达和刘封传令，要他们密切注意荆州军情，随时准备支援。

等吕蒙偷袭荆州时，陆逊同时占领秭归，封锁住三峡口，使刘备与荆州的联系中断——益州与荆州之间有三峡阻隔。虽然与荆州中断联系，而上庸还随时可以传报军情，刘备积极准备东征荆州增援关羽。他总以为如有紧急情况，孟达和刘封必会先行驰援，情况不至于太坏。可是，孟达和刘封居然对关羽的命令或者说是求援无动于衷。可等到关羽被杀，荆州丢失，刘备得到消息，一切都来不及了。

刘备痛失关羽，气火攻心，一下子病倒了。刘备以为非得重重惩罚孟达和刘封不可，否则对不起死去的关羽。诸葛亮劝阻说："这件事急不得，逼急了，会生变故。"果然，没过几天，孟达派人送来辞职书，然后怕刘备治罪投降魏国了。

曹丕欣然接受孟达，封他为新城（今湖北襄阳县东南）太守。因新城邻近益州，曹丕是想把孟达作为日后进攻益州的先锋使用。孟达投降后，受命与徐晃去进攻上庸，逼降上庸太守申耽，打跑了孤军奋战的刘封。刘封只好跑回成都向刘备请罪。

刘备这时气头已过，又念与刘封义子之情，不忍杀刘封。诸葛亮却认为太子刘禅个性太过于温顺，刘封则性情刚猛，骄奢强悍，日后可能威胁到刘禅的王位，因此劝刘备借此机会除掉刘封。刘备就下令让刘封自杀了。

这段时间，刘备想东征孙权，替关羽报仇，可因孙权与曹丕关系甚密，使益州北、东防线受到威胁，他也只好暂时忍耐。

不久，又传来曹丕篡汉自立的消息，又听到汉献帝遇害的谣传，令刘备和诸葛亮受到极大震撼。刘备只得把东征孙权的事再放一放。

知道曹丕篡汉自立后，益州群臣劝刘备承继汉之大统，继位皇帝。刘备犹豫不决，又听说孙权向曹丕遣使称臣，曹丕晋封孙权为吴王，不禁大怒，又想立刻举兵东征孙权。

诸葛亮只好苦劝刘备，说："当年吴汉、耿纯等劝世祖（光武帝）

即帝位，世祖前后谦让了四次，耿纯进而表示：天下之英雄，跟着你出生入死，都是抱有希望，如不依从他们，他们将各自散去，不再为你效命了。世祖为耿纯的真诚而感动，就答应了。如今曹丕篡位，天下无主，主公乃汉室苗裔，更应继世而起，现在称帝，正是时候。诸士大夫随主公征战历年，都希望得到尺寸之功，如同耿纯向世祖所言，你让他们失望，谁还追随你呢。"

于是在曹丕称帝的第二年（221年）四月，刘备在成都即帝位，国号仍为汉，也称蜀，史称蜀汉，改建安二十六年为章武元年。

～～ 千秋功过 ～～

对于关羽的死，我们可以从关羽自身去寻找原因，比如说他的骄傲轻敌，终至后院失守，他没能很好地执行诸葛亮"东和孙权，北拒曹操"的政策，使得东吴发兵袭其身后。

其实，荆州之失有它的必然性，并不是像人们所说的"大意失荆州"。因为荆州本身所具有的战略地位，使得凡是想成就王侯霸业的人，都想去占有它。曹操发兵，是想拥有它，以成统一霸业；孙权"借"荆州给刘备，那也是迫不得已的事情，因为荆州广大地盘实际上已经在刘备手中。刘备想得到荆州的心情，比谁都要急切，因为奔波了大半生的刘备，连一块像样的根据地都没有。诸葛亮在隆中草庐中为他策划，首要的地盘就是荆州，这是刘备的安身立命之所，他派诸葛亮、关羽等人驻守荆州，正是由于荆州的重要性所致。但是，曹操、孙权不会坐视荆州落在刘备之手。曹操自不必说，孙权更是处心积虑。他派鲁肃到蜀中，一次又一次地向刘备、诸葛亮讨取。鲁肃还曾亲自与关羽交涉过，双方都是单刀赴会，各驻兵马百步以上。尽管刘备后来也作出让步，"割湘水为界"，把长沙、江夏、桂阳以东的地区归还给孙权。可是孙权却并不以此为满足，鲁肃在世时，还能够隐忍未发。鲁肃一死，吕蒙继任，情况就发生了变化，以致之后的孙权袭关羽后方，抢夺荆州。后人因为关羽成圣成帝，便都来指责东吴。比如南宋的朱熹就认为，不仅曹操是汉贼，孙权也是汉贼。理由是，孙权如果有意复兴汉室，就应当先与刘备协力并谋，打败曹操。就连给《三国志》作注的裴松之也认为孙权包藏祸心，助魏除害，袭杀关羽，是剪除了刘备勤王之师，断送了他拯救汉室的大业，以缓解曹操要迁都以避关羽的压力，"义旗所指，宜在孙氏"。这都是一些很正统的站在刘备一边来说话之人的观点。

也有人认为问题出在刘备和诸葛亮身上。比如明代的王世贞就认为，失荆州的责任不在关羽，而在刘备。他说："关羽虽然擒获于禁七军，能保证曹操不自己来吗？曹操来了，关羽能保证获胜吗？即使获胜了能保证孤军深入吗？不胜能够顺利撤退吗？胜了曹操不能退，是胜利了也危险，不胜又不能退，那就是更危险。"因此他指出，在关羽发兵的时候，刘备就应该出兵，或者自己带兵，或者派张飞、赵云率三万人驻守江陵，那么就进退自如，万无一失了。清人王夫之在《读通鉴论》中甚至认为刘备让关羽守荆州，本身就用人不当。"以同起之恩和，矜其勇而见可任"，是任人唯亲。这些说法同样也不无道理。但是，历史就是历史，它只能在事后让人评论。要是在当时就能把握或改变的话，许多历史就会改写，我们今日面对的可能就是另外一个关羽了。

关羽死了，一代名将结束了他的人生旅程。在当时，在身后的相当长的一段时间里，他都以大将兼斗将的角色而闻名。近代史学家吕思勉在《三国史话》中这样评价关羽："关羽这个人，本领是有本领的。你留心把《三国志》看，自刘备用兵以来，不分兵则已，倘使分兵，总是自己带一支，关羽带一支的，可见他有独当一面的才略。""刘备从樊城逃向江陵时，是使关羽另带一支水军到江陵去的。后来和刘备在夏口相会，北方人是不喜水战的，赤壁之战，曹操尚以此致败，而关羽一到荆州，就能带水军，亦可见其确有本领。"关羽的武勇，在当时就已得到人们的承认。魏国的谋臣程昱等人都称赞关羽、张飞是"万人之敌"。刘晔也说关羽"勇冠六军"。因而，在弱肉强食的封建社会，关羽便以万人敌的勇将面目，出现于世人面前，如在两晋南北朝之际，称道武将之勇，便多以关羽拟之。《齐书·齐惠太子传》便说："齐垣厉生拳勇独出，时人以比关羽张飞。"《魏书·崔延伯传》载崔延伯讨伐莫折念生，取得胜利之后，当时人便说："崔公，古之关、张也。"陈朝的吴明彻北伐，高齐尉破胡等十万人来拒，有西域人矢无虚发。吴明彻便对萧摩诃说："君有关羽之名，可斩颜良矣。"萧摩诃就立即出阵挫锐攻坚，战而胜之。这一记载，见于《陈书·萧摩诃传》。所以，清代史学家赵翼在《二十二史札记》中总结道："汉以后称勇者，必推关、张"，"不仅仅是同时代的人望而畏之，身后数百年，亦无人不为之震惊。威声所垂，至今不朽。关羽天生神勇，的确不是虚话"。不过，它表明此时人们对关羽的认识，还只是停留在武勇上。

关羽，勇则勇矣，但也仅此而已。所以从晋到梁，有关三国人物的故事传说很多，但是都没有涉及关羽，这说明关羽在这一时期还没有能引起世人的瞩目，尽管关羽以勇烈知名，但人们还未崇拜关羽的人格。关羽受到后世的推崇，是隋唐以后的事。

忠义神勇

关羽

第六章

关羽的人格形象

关羽并不是一个完人，他是被历史逐渐神化，并通过《三国志平话》等话本小说完成人格塑造的。关羽的形象是人民群众意志和社会需要的反映。画圣吴道子曾画关公像，明李宗周题额为：乾坤正气，日月精忠，满腔义勇，万代英雄。这可以说是对关羽人格的理想概括。

浓厚的正统观念

关羽既是威风八面的一员猛将，又是温文尔雅的一员儒将，在人们心目中，身穿绿色战袍，赤脸三缕长须，手把《春秋》细目入神的活脱脱的关羽就会浮现出来。这不仅是文学作品的渲染、造神运动的推波助澜，更主要的是历史上真正的关羽性情使然。特别是家学渊源，使他成为传统礼教的卫道者。

家庭的熏陶在关羽心灵中播下儒雅的种子。名将关羽，自幼年就受其父的深刻影响和教诲，把《春秋》作为必修课。《三国志·蜀书·关羽传》注引《江表传》称："羽好《春秋左传》，讽诵略皆上口。"这条记载又见《三国志·吴书·鲁肃传》注引《江表传》。东吴重要将领吕蒙与鲁肃评价关羽时讲："斯人长而好学，读《左传》略皆上口。"其他有关资料亦多次说到关羽家传《春秋》，年少习之，手不释卷，很多细节、精要之处都能背诵。

《春秋》是一部由孔子编定的编年史，是按照鲁国从隐公至哀公十二个国君的次序，记述了周王朝及各诸侯国前后二百五十余年的重大历史事件。其主要特点是把儒家伦理观贯穿其中，对事件寓以褒贬。因此，《孟子·滕文公下》说："孔子成春秋，而乱臣贼子惧。"

浓厚的正统观主要表现为传统的纲常观。自从西汉时期董仲舒提出"罢黜百家，独尊儒术"的主张，加之汉朝统治者奉行以儒家经典治国，在社会士人及百姓中都产生了深刻影响。任何一个时代的思想都是统治阶级的思想，封建统治者的推崇，使孔子学说根深蒂固，逐渐形成人们的行为规范。在纲常观中孔子的"君君、臣臣、父父、子子"普遍为人们所接受。其核心是等级观、秩序观。有悖等级的事就是犯上，有悖正常秩序的就是做乱。关羽对犯上做乱甚至大逆不道深恶痛绝。

关羽投身围剿黄巾义军，就出于这一目的。他要维护的是东汉王朝的封建秩序，因此才南征北战，东挡西杀。但不能说所有围剿黄巾军的人都是出于传统的纲常观。试举几例，首屈一指是曹操。曹操少年时出生宦官世家，受家庭、社会影响，行举乖张。他虽然在围剿黄巾义军中卓有战绩，在维护和延续东汉王朝时做出了一定贡献，但在本质上是与关羽大相径庭的。无论是自行决断重大朝政问题，还是鸩杀皇后、皇子，他都凌驾于朝廷之上，以至他死后，其子曹丕逼汉献帝禅让，废皇帝为山阳公，其实都是曹操生前铺垫的结果。

再说董卓，既骁勇，又狡诈，妄行废立，并且鸩杀了少帝刘辩。这些不但有违封建纲常，在传统的士人心目中就是大逆不道。因此，董卓乱政，招致天下起义兵讨伐。曹操乱政，招致"奸贼"的骂名。

即便是关羽的主公刘备，在这方面与关羽的思想，也有差距。同是结盟兄弟，刘备骨子里是匡扶汉室并成为人中之龙。《三国志·蜀书·先主传》载："先主少时，与家中诸小儿于树下戏言：吾必当乘此羽葆盖车。"叔父子敬急忙制止说："汝勿妄语，灭吾门也！"年少原因也罢，戏言也罢，刘备维护封建纲常的立场与关羽还是有较大区别的。

关羽以维护封建纲常为己任，无论是在诸侯割据时，还是在京城许都生活期间，都表现得淋漓尽致。他至死都追随刘备，是为了匡扶汉室，他不留曹营，与魏兵戎相见，是不满曹操的奸雄行径。

关羽在许田射鹿时，欲斩曹操，跟随刘备积极参与密谋诛曹的重大行动，这些都是关羽封建纲常规的最集中表现。关羽对孙权集团既联盟又保持一定距离，内心是对他们与曹魏勾结不满。在争三郡的单刀聚会时，鲜明表达出"尺土皆汉有"的政治立场。关羽以自己独特的思维方式、行为方式，实践着作为一名忠臣良将的心愿。

浓厚正统观的另一个表现是传统的孝悌观。《论语·学而》讲："孝悌也者，其为仁之本与。"这是说，儒家思想核心"仁"的重要内容是孝悌。孝悌的核心是处置家庭内部关系的准则。有两件事关羽表现得棱角分明。

一是对子女的教育。据《关圣帝君圣迹图志》卷之二翰墨考中所记，关羽教导子女们要"读好书，说好话，行好事，做好人"，并发表感慨说："愿天常生好人，愿人常行好事。"这不但涵盖了常义的"善""仁"的内容，更包含了希望子女以及社会公德要符合封建礼教的言行、举止、规范的美好愿望。

另一件是拒绝关羽、孙权的联姻。婚姻问题上也表明了关羽鲜明

忠义神勇 关羽

的个性特点。关羽军事实力最强盛时，孙权派人登门为其子求婚，遭到关羽唾骂。孙权、曹操在这方面是政治高手。孙权一生中两次向蜀汉集团人物求婚：一次是赤壁大战后，刘备集团傍略江南四郡。看到迅速膨胀的刘备势力，孙权把小妹孙尚香嫁给了刘备。第二次是为自己儿子求婚，应该讲这是非常合适的政治措施，也符合东汉时的婚姻方式。

据有关专家统计，东汉皇室、亲族大臣中，贵族门第婚占79%，世亲婚占90%，近亲婚占60%，滕悌婚占50%。以孙权霸主之子娶代理荆州牧之女，也算门当户对。

关羽在这方面就与刘备不同，刘备慨然做了东吴的女婿。当然，赤壁大战结束后，孙、刘双方处于相互需要而结成的统一战线状态，互相依存，鼎力相扶。关羽则不然，不但不许婚，还出言不逊，招致孙权大怒。关羽拒婚，主要是对孙吴有抵触情绪，他把孙权看作"窃命"。大汉臣子焉能与"窃命"通婚。试想，两家联姻，就不会有荆州之失，糜芳之叛，也不会有关羽之亡，更不会有上庸、西城之失，刘备兴复汉室的计划就可能实现。讲理想一些，如果是刘备集团治理天下，中国魏晋南北朝几百年的混乱局面也会大不一样。

曹操在这方面是一流政治家风范。曹氏集团与孙氏集团多次联姻不必说，他还一次把三个女儿许配给汉献帝。"献穆曹皇后讳节，魏公曹操中女也。建安十八年，操进三女宪、节、华为夫人……十九年，并拜为贵人。及伏皇后被弑，明年，立节为皇后。"照今人理解，曹操以牺牲女儿们的青春为代价，但其政治眼光，关羽就望尘莫及了。

正统观的另一个表现就是克己观。自从儒学的正统地位被确立后，

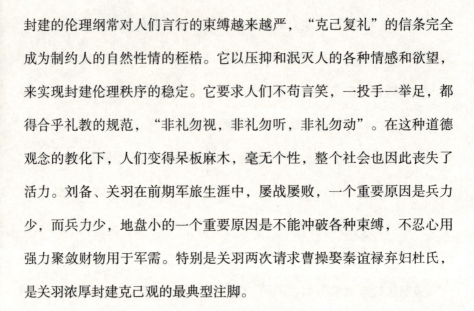

封建的伦理纲常对人们言行的束缚越来越严，"克己复礼"的信条完全成为制约人的自然性情的桎梏。它以压抑和泯灭人的各种情感和欲望，来实现封建伦理秩序的稳定。它要求人们不苟言笑，一投手一举足，都得合乎礼教的规范，"非礼勿视，非礼勿听，非礼勿动"。在这种道德观念的教化下，人们变得呆板麻木，毫无个性，整个社会也因此丧失了活力。刘备、关羽在前期军旅生涯中，屡战屡败，一个重要原因是兵力少，而兵力少，地盘小的一个重要原因是不能冲破各种束缚，不忍心用强力聚敛财物用于军需。特别是关羽两次请求曹操娶秦谊禄弃妇杜氏，是关羽浓厚封建克己观的最典型注脚。

当阳一带社会流传，关羽以"声禁重，色禁重，衣禁重，香禁重，味禁重，室禁重"为人生准则。所谓"声禁重"，就是不要太多地去听那些缠绵之音；"色禁重"就是不要好色纵欲；"衣禁重"就是衣服不要太讲究；"香禁重"就是不要过分地打扮自己，涂脂抹粉，耽误事业；"味禁重"就是食物不要太多太珍贵；"室禁重"就是办公场所和居住不要太大太宽。这是否是关羽所归纳已无从考据但很符合关羽的性格特点。

关羽的忠义思想

关羽的忠义形象深受人民群众喜爱、崇敬，并受到封建统治阶级尊崇、神化，甚至各民族的统治者都把他作为忠、义、勇的化身，尊为天上的神灵。

忠义思想是中国思想文化传统中非常重要的一组观念，是数千年封建社会中人们立身行事的根本，是思想道德行为的准则。忠、义这两个概念有一般内涵和特定内涵两个方面。从一般的含义说，忠是指对别人尽心竭力，如"为人谋而不忠乎"；义指的是合理的，如"信近於义"。从特定的内涵说，忠就是对君王尽心竭力，绝对服从；义，是指对别人，尤其是对朋友讲究信用，永不变心。

《三国演义》中的关羽，是一个以义重如山而闻名的绝伦超群的人物，义是他最突出的美德，被清代毛宗岗称为"义绝"。

关羽的忠义主要体现在两个方面，一是突出桃园之义；二是强调个人道德品质修养。

关羽信守桃园之义，书中主要是通过他和刘备、曹操三者之间的矛盾关系来体现的，这就是"关羽降曹"至"古城聚义"这几回的内容。

关羽降曹在历史上确有其事，《三国志·关羽传》记载："建安五年，曹公东征，先主奔袁绍，曹公禽羽以归"，说明关羽曾被曹操活捉过。到了《三国志平话》，关羽降曹就有了具体情节。先是关羽被困于一孤山，再是张辽劝降，在"关公自小读书，看《春秋左氏传》，曾应贤良举……曹公爱之"的美言下，关羽提出降汉不降曹等三个条件。这就要说明他不是被打败活捉的，而是暂时栖身。但是关羽这样的英雄主动投降毕竟脸上无光，他投降的原因也不太明确，缺乏说服力。于是在《三国演义》中，演变成关羽真正为义而降。张辽先去说降，关羽立即以义拒之："吾今虽处绝地，视死如归"，"吾仗忠义而死"，态度异常鲜明。张辽则抓住关羽"义气深厚"的特点，针锋相对地摆出战死而造成的三大不义：一是"当初刘使君与兄结义之时，誓同生死"，而今欲死，必背当年之誓；二是"今战死，二夫人无所依托"，"兄负却使君倚托之重"；三是"不思期共使君匡扶汉室，拯救生灵"。如此看来，拼命而死是有负于刘备的，为大不义，不死才能与刘备共同实现桃园之誓，才是大义，而要不死，只能投降。但是关羽是一个英雄怎能轻易投降呢？于是关羽提出三个条件："降汉不降曹"；养赡二位嫂嫂；"但知刘备去向，不管千里万里，便当辞去"，总之，是有条件投降。

关羽降曹是否失节呢？关羽所处的三国是一个群雄并起的乱世，正如书中人王粲所说，是"天下大乱，豪杰并起"，"家家欲为帝王，人人欲为公侯"。各派政治势力为了称霸中原而殊死争斗，耍尽阴谋诡计，互相欺骗和利用，今日为友，明日为敌的现象屡见不鲜。即使刘备这样的仁义之君，不也是先后投奔过刘恢、公孙瓒、陶谦、曹操、袁绍吗？这正是时势使然。在这样的历史环境中，关羽投降曹操也就不足为怪了，更何况关羽降曹只是权宜之计，最终还是为了回到刘备的身边，对这一点他并不隐瞒，而是严正声明，光明磊落。关羽这样做，不但取得了刘备、张飞的谅解，也被曹操所接受，这正是关羽高于其他忠义之士的地方，也是他赢得重义美誉的原因。关羽有条件地降曹，是长期以来人民群众根据自己的愿望加在关羽身上的，这对强化关羽重义性格是关键的一笔。

史籍而流传于民间的关羽"身在曹营心在汉"的故事。曹操为了留住关羽，千方百计地对他施以厚恩，"三日一小宴，五日一大宴"，赠送金银美女，封侯赐爵，还特意赠送衣锦战袍和赤兔马。但关羽却把旧袍罩在所赠新袍上，不忘"兄之旧赐"，获赤兔马，也是因"若知兄长下落，虽有千里可一日见面"而喜悦。这两个情节，生动地反映了曹操和关羽之间若即若离的复杂微妙的关系。处在曹操厚恩之下的关羽，如果只是一味地无动于衷，那就不是"义气深厚"了。故书中又写关羽虽然"心在汉"，却也并非没有思想斗争，他曾对张辽说："吾极知曹公待我甚厚。奈吾受刘将军恩厚，誓以共死，不可背之。"可见他内心还是很不安的，因此他要"立效以报曹公，然后方去"，否则就不是重义之士。关羽为曹操杀了袁绍大将颜良、文丑，但仍感到"尚有余恩未报"。当他最后离开曹操时，留下一封饱含深情的辞信，流露出无限的感慨："三思丞相之恩，深如沧海，返念故主之义，重若丘山。去之不易，住之实难。事有先后，当还故主。"这才是重义的关羽离开曹营时的真实的思想反映，足以说明他在曹营确实经受了一场忠义的考验，也唯其如此，才更显现出他对刘备"义不负心，忠不顾死"的披肝沥胆之志。

在封建伦理道德中，君臣关系属于"三纲"之首，它的具体体现就是忠。孔子说："臣事君以忠"（《论语·八佾》），"事君，能致其身"，（《论语·学而》）都是要求臣对君尽忠，死而后已，在长期的封建社会中，"君为臣纲"一直被奉为万古不变的最高信条。在封建道德观念中，忠又常和义联系在一起。义，有时指兄弟关系，"义之实，从兄是也"（孟子），有时也指君臣关系。在《三国演义》中，忠义占有突出的地位是因为它不但是区分正面人物、反面人物的主要标志，而且是维系尊卑上下、人与人之间关系的道德规范。按照封建正统观念，忠又是高于义的。关羽的忠义观却是"忠中有义，义中有忠"，而且又常常是义在忠之上。关羽为了刘备，不但做到"降汉不降曹"，"身在曹营心在汉"，而且还过五关，斩六将，千里走单骑，历经艰险投奔了刘备。最后他兵败麦城，在性命攸关之际义正辞严地回拒了诸葛瑾的劝降，"玉可碎而不改其白，竹可焚而不可改其节"，"身可损，名可垂于竹帛也"，终于为刘备尽义而死。很明显，关羽对刘备的义，包含着一个新的因素，这使它从维系尊卑上下关系的原则中下降到一般人中间，成为他们在患难之中互相扶持、同甘共苦的精神纽带，这不能不是对"三纲"（君为臣纲，父为子纲，夫为妻纲）的突破。这也正是《三国演义》具有积极进步意义的一个方面。

关羽是历史上忠义的理想化的完美典型。他的"义"不是一般义气，而是披肝沥胆，义无反顾，比泰山还重，比生命还珍贵的义。刘、关、张从结义到尽义的整个过程中，他们患难相扶，祸福同当，这就体现了人民所理想中的义气，符合人民群众的道德观念。关羽的义的内涵是如此丰富，致使他在历史上同时受到了统治阶级和广大群众的赞扬。一方面，他被封建统治者一再推崇，晋爵封庙。同时，中下层知识分子也向往关羽和刘备"君臣加兄弟"的关系。另一方面，人民群众崇尚他的重义品质，往往以此来鼓舞自己在患难之中同心休戚。关羽这一人物，无论过去还是现在，都是我国古代文学中独具特色的一个光辉的艺术形象。

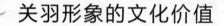

关羽形象的文化价值

关羽的形象作为一种文化资源，他本身的素质就非常占有优势，而且这种素质在农耕社会中又特别受到推崇。首先，关羽是一个英勇善战的人，在当时一个弱肉强食的乱世中，他的这种特点让后人印象深刻。清朝的赵翼说："汉以后称勇者，必推关张"，"不唯同时之人望而畏之，身后数百年，亦无人不震惊之；威声所垂，至今不朽，天生神勇固不虚也。"尽管儒家文化注重道德不注重"力"，但"力"这一因素在农耕社会中，还是必不可少的因素，当时的社会内忧外患，天灾人祸，如果单纯靠"德"是无法解决这些矛盾的，在必要的时候更需要"力"的作用，去威慑和征服。内乱当然无法用"德"去谈妥，而外患更是无法靠"修文德"消除矛盾。那些英勇善战的英雄们就更容易在缺乏自主意识和个性独立的社会中获得认可了。

其次是被塑造后的关羽形象不仅是一个神勇威猛的英雄，还具有忠义的人格美。特别是经过了戏剧的美化后，他在百姓心中就是一尊鲜活的英雄形象，尤其是《三国志通俗演义》与《三国志平话》，通过语言的效果对这个形象加以修饰，使得关羽成为一个独一无二的英雄，让人们有一种一想到关羽，就是一个英勇、忠义的形象，这也是一种文化的表征。这也使得关羽之后仅以他那理性化的优秀人格去影响着这个社会，而且是一个活泼生动的形象，给人一种美好的享受。可以这么说，是文学艺术的创作让关羽这个形象得到美化与升华，也让关羽成为众多偶像中的佼佼者。

历史上的关羽是关羽形象的良好基础，文学创作使得合格形象更加完美，如果没有后者的塑造，关羽也只是一个历史底层的人物。如果没有宗教的塑造，关羽更加不可能得到神化，并超越众多神灵。尽管一开始关羽在玉泉祭祀时，也只是一个小范围的传统信仰，但关羽的形象发展却很快，儒、道、释三教几乎在同一时间关注这个形象，让他渐渐变成一个神灵。有着群众的认同，帝王的喜爱，还有多种宗教的塑造，他在短时间内就成为一个影响深远、广泛流传的神灵形象。关羽神灵形象的意义是深远的，他让中国的老百姓心中有了一个偶像，有了一个可以寄托情感的神灵。

从这里可以看出，是时代的发展造就了对关羽崇拜，这也是历史的必然选择。它的出现，给农耕社会带来了强大的精神支柱，而且它的内涵也紧紧地贴着时代的潮流。它的信仰是通过中国这块土地孕育起来的，他不是荒诞的神灵，他是一个历史人物，从人走到神灵，所以他的生活是与百姓一样的，群众基础十分雄厚。他尽管没有孔子那般严密的思想体系，也没有博大的知识让世人永远尊敬与怀念，但他却是最符合民众心理需求的东西。只要中国一直是农耕社会，那对关羽崇拜就一直可以滋育繁衍。

但还有一个问题要强调，为什么关羽可以受到普遍尊重？当中的精神本质是什么呢？换句话说，关羽为什么可以成为农耕社会不同阶层中的偶像呢？而这个问题也是对关羽崇拜的核心文化价值。

文化价值，也可叫作价值判断，不同社会的价值观以及价值标准也不尽相同。农耕时期的文化价值更多的是一种道德价值，道德伦理是每个人的标杆，在这样的道德背景下，个人的价值是通过社会体现出来的，在社会中突出个人，强调人要服从社会，强调人要肩负一定的社会义务和社会责任。也就是说，每个人的标准都是一样的，代表了全社会的标准，人是没有自己的价值观的。整个社会价值的中心是伦理道德，它所形成的凝聚力是非常巨大的，成为整个社会的精神支柱，凝聚了农耕社会所有的意向以及情感。也就是说，关羽崇拜，其文化价值本身就凝聚和表现了传统文化，它体现了传统文化中儒家思想中的"忠"和"义"。

在道德原则中，"义"是相当重要的，有句话说"天下莫大于义"，讲的就是这个意思。金田德秀说关羽"忠而远识，勇而笃义"，虽然其长处是武勇，名扬于世的却是他的忠义。二者不可分割，也就是所谓的：忠而勇，信而义。李东阳说"汉寿侯，义且武"，黄茂才则说"气盖世，勇而强；身归汉，义益彰"，这当中的"义"，恰恰就是农耕社会需要的一种能协调以及平衡各阶层的道德原则。

关羽就已具备了这种素质。他为皇室刘备鞍前马后，忠心不贰。但因为两人既是君臣又是兄弟，所以关羽的这种忠义品质就显得比较内涵比较复杂，意义也不是单一的了，这种关系强化了其忠义的品质。历史上本来确有关羽降曹"约三事"，关羽处于进退两难的位置，最后他变通不变节，提出了这样一个方法："降汉不降曹"，是"我与玄德，是朋友而兄弟，兄弟而主臣者也"，这既突出了兄弟间的小义，也体现了君臣之间的大义。农耕时期就将这种君臣大义作为圭臬的要义。义是忠的基础，两者合一，非常符合儒家的纲常模式。所以在古代，将忠臣是否出自义士之门作为选取人才的重要标准。关羽的忠，包括忠于蜀汉和忠于汉室，无论哪种，都属于忠君，也都恪守了君臣之礼。儒家也提出要维护君臣之礼和上下之序，在这点上二者是完全一致的。关羽淡泊名利，宁愿放弃曹操所给的富贵回到乡下，这一举动让人们赞不绝口。不仅如此，他千里走单骑，过关斩将和古城会等，都体现了他的义。走麦城和大意失荆州中，关羽的性格当然是其中一个原因，但主要还是因为贯彻"隆中决策"中的"将荆州之军以向宛洛"，但这次的失败并不羞耻。因为关羽的忠义遭到了破坏，所以"奸贼"曹操，"吴狗"孙权就自然被世人所诟病。关羽虽然失败，但他尽忠职守、死而后已。他的君臣大义，由于是没有血缘关系的异姓兄弟，所以从伦理纲常来说，它超越了诸葛亮，可以称得上是"旷世之君臣相与"。诸葛亮将这称为"水"，而且在白帝城以孤相托，不得不被倚重；诸葛亮也继承了没完成的事业，前后六次到祁山，北伐中原直至秋风五丈原，不能说不尽忠。但比起关羽和刘备的关系，就显得比较疏远了。仔细想想，这种疏远恰恰就是刘备和诸葛亮之间，没有"义"，这种义是指在桃园发誓"不愿同年同月同日生，但愿同年同月同日死"的那种"兄弟之义"。正是由于有这一种"义"为基础，我们才可以理解，关羽遇难时，刘备竟然可以不顾万里江山，也可以不管诸葛亮和赵云等人的强烈忠告，选择亲自带领军队复仇。刘备、诸葛亮和赵云的关系，是无法达到关、张的境界，主要是因为诸葛亮和赵云所在的圈子并不是以"义"来划定的。所以，"夫信义之为生于世也久矣，闾巷之间，布衣之交，生死然诺不可相负，而况于分工协力共任天下事者乎？然此义之不明于世也久矣，有能行之者，其唯三国时代之刘先主与关壮缪"（吕思勉语）。关羽以信和义尽忠，既有君臣之义又有兄弟之义，不畏艰险，患难与共，这种忠义的气概，是封建时代君臣关系的代表性模式。从这点上看，那些将《三国志通俗演义》中刘备和诸葛亮的"圣君贤相鱼水相谐"，当成是封建时代君臣关系楷模的人，思想存在很大的误会和偏差。

君臣所谓的大义，是农耕社会中人际关系的主心骨，它包含着许多意义层，在前面的章节我们已经对关羽的"忠义"，做了很多的阐述与展示，可以说这种"义"基本涵盖了整个传统文化。农耕社会中的百姓讲究同舟共济，互帮互助，解危扶困，所以关羽对他们来说就是生存的精神支柱。特别是刘关张桃园结义后，他们用结拜的方式给"义"做了最好的诠释，这种结构也对明清甚至到民国都产生了深远的影响。比如太平天国的洪秀全、杨秀清等人义结金兰，也是受到了桃园结义模式的启发。在《三国志通俗演义》之后的小说，包括《粉妆楼》《说唐》《精忠说岳》《三侠五义》等，都是以这样一个结拜的主题来开展故事情节的。随着小说的发展以及广泛传播，这种"义"的形式也随之流行，渐渐成为农耕社会中人们赖以生存的保障，而关羽的社会价值也就越来越突出了。

所以说，对于关羽崇拜的基础应该是儒家文化，这是对孔子为代表的儒家学说的一种最好的补充。关羽的文化内涵用一种独特的方式展示，更把儒学从知识领域带到百姓中。清人张鹏翮在评价关羽如何成为圣时，这么说："侯（关羽）虽未登洙泗之堂，而刚直之气，忠义之慨，暗与道合。"这句话的意思是，关羽尽管没有登上孔子的学堂，但他身上具有的特质也与孔子之道相温和。换个角度说，关羽通过自己的实际行动，实践了儒家学说的道德规范，体现出儒家文化不仅适用于读书人，同样适用于任何人。关羽文化的出现，给儒家文化做了很多的推广，让高高在上的儒家学说多了几分亲切。因为在孔子文化中，更多的是精英人士，但关羽这个形象属于所有人，是大家都适用的。所以通过关羽，儒家的文化在民间得到了良好的传播。当然，随着历史的前进，关羽的"忠义"不断发展，不断完善，直到后来，关羽就变成了一个"完人""完神"，成为大家心中的偶像。张鹏翮还说："学其存心，

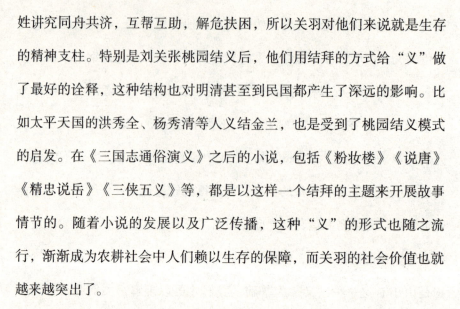

忠
义
神
勇

关
羽

考其行事"，证明关羽是一个带有忠义性格的感性形象，这是对孔子学说的一种新的诠释与补充，这也是让儒家学说可以贯穿中华大地的"点睛之作"。

儒家的道德体系把关羽的灵魂铸造成一个完美的灵魂，他还是一个有血有肉的身躯，这种高尚的灵魂与忠义的身躯连起来，就成为人们崇拜则关羽的文化基座。

如果关羽没有忠义，他就成不了关圣。在中国，一般可以被世人记住的历史人物，并且成为神坛上的神，他们一般都有忠义这个基本要素。而关羽的忠，是意义深远的，他对君主是忠诚的，对朋友是忠义的。所以他的形象也大受帝王的喜爱，成为一种钦定的文化。又因中国的百姓喜欢讲忠义，所以他又可以在民间广泛传播。忠而义，乃关羽的精神主旨，马斯洛说过："精神生命是人本质的一部分，从而，它是确定人的本性的特征。没有这一部分，人的本性就不完满，它是真实自我的一部分，人本身的一部分，人的族类性的一部分，完满的人性的一部分。"

只有忠义也无法成就关神。因为中国百姓讲忠义之余，还信奉神明。如果关羽只是一个忠义的汉子，那他顶多只能得到士大夫的赞美。但关羽就是一个正直无私、履忠践义、神勇无比的历史人物，他才可能被宗教相中，并一步一步走向神坛。关羽文化的核心价值在于，他既有神秘的外衣和光环，又有亲切感，现实感，所以对于百姓来说就会不自觉地产生一种祈求感，但凡崇拜都要以崇拜者对被崇拜者的神秘认识为基础。如果没有佛道二教，没有民间神明的推崇，关羽也只是一个普通的历史人物。

　　把关羽圣化也好，神化也罢，更主要的是把这个形象人化了。因为关羽在成为神灵之前，是一个历史的人物，是一个人，一个解州城内的平常人，一个讲究忠义的凡人。

　　关羽可以说是由多方合力而塑造而成的神，所以他具备多样化的特点。人们对他的崇拜，也具有多方位的价值导向。

第七章

走上神坛

　　关庙的蓬勃发展，其实是崇拜关羽的直接产物，它见证了关羽由人变为神的过程。关庙是信仰关羽的人们活动的中心和舞台，如果把一座庙宇看作一个圆的中心点，宗教在其中以巨大的引力将四周的群众吸引过来，这样一座座的庙宇相连接，便形成一个庞大的崇拜网络。

帝王尊崇备至

　　关羽是何时进入后世官方视野，并且累代崇封，逐渐升至护国佑民神祇的？这其实经历过一个曲折漫长的过程。

　　最早敕封关羽，不过是武成王配祀之一。唐高宗上元元年（674年）敕封孔子为文宣王，姜尚为武成王。安史之乱以后，为了激励武将士气，唐德宗接受颜真卿的建议，于建中三年（782年）为武成王庙增祀64员名将，其中刘蜀关羽、张飞都被列入其中。但不久以后（786年）就有丞相建议，姜尚祠庙只留张良陪祀，撤出其他将领。

　　宋朝开国时重订祀典，赵匡胤提出"取功业始终无瑕者"的完美标准，将关羽、张飞等22将黜出庙堂。但在范仲淹庆历新政（1043年）时，为了振奋军心士气，就恢复了原来的配祀。宋徽宗崇宁元年（1102年）封关羽为忠惠公；大观二年（1108年）进封武安王，宣和五年（1123年）敕封"义勇武安王，从祀武王庙"，已较其他诸将侯伯之爵优渥。随着金兵南下，关羽作为鼓励将士英勇奋战的榜样力量受到重视，南宋朝廷一再为关羽加封徽号，直到淳熙十五年（1188年）在当阳特封"壮缪义勇武安英济王"。此为宋代对于历代功臣烈士之最高封爵，亦为现存以关羽为祈雨神祇的最初记载。

金、元承袭了"义勇武安王"的封号，径直称为"关大王"。天历元年（1329年）元文宗"加封汉关羽为显灵威勇武安英济王，遣使祀其庙。"

明初朱元璋命关羽祠庙重新恢复"寿亭侯祠"。洪武二十七年（1394年）建庙于南京鸡鸣山，列入祀典。嘉靖年间恢复"义勇武安王"爵号。

万历十八年（1590年）潘季驯治漕河，封高家堰关庙主神为"协天护国忠义大帝"，此为封关羽帝号之始。从此大运河沿途竞相建立关庙，以祈保人流物转之平安。这也是后世关羽司职财神重要缘由之一。二十二年（1595年）敕解州关庙神主称帝，四十二年（1614年）敕封天下关庙之神为"三界伏魔大帝神威远镇天尊关圣帝君"，此为天下关庙俱可称帝之始。自此关羽成为无上尊神。

清兵入关以前，满洲朝廷已经开始崇敬关羽。努尔哈赤建立后金政权的前一年（1615年），即在赫图阿拉城（今辽宁新宾县）内城南门修建关帝庙，是后金国初七大庙之一。皇太极崇德八年（1643年）以沈阳为京城，即敕建关庙，赐额"义高千古"。

雍正三年（1725年）颁诏比隆孔子仪典，"追封关帝三代俱为公爵，牌位止书追封爵号，不著名氏。于京师白马关帝庙后殿供奉，遣官告祭。其山西解州、河南洛阳县冢庙，并各省府州县择庙宇之大者，置主供奉后殿，春秋二次致祭。"此为关羽列入符合儒家规范之国家祭祀主神，护国佑民的开始。乾隆四十一年（1776年）颁诏"所有《三国志》内关帝之谥，应改为'忠义'"。咸丰四年（1854年）颁诏更定关庙祭礼，与祭孔规格全然相同。

清代自顺治开始，历代皇帝对于关羽屡有崇封，光绪时达到26字："忠义神武灵佑仁勇威显护国佑民精诚绥靖翊赞宣德关圣大帝"，为历朝人臣之最。

此外，清廷坤宁宫还特别保留有满洲原始信仰"堂子祭"，朝祀释伽牟尼佛、观世音菩萨、关圣帝君等。每年正月初二回神，每月初一，四月初八佛诞日，三、九月马祭、四季献神及萨满特有的杀猪供祭卜吉，求佛柳祭等场合，均有对"三军之帅关圣帝君"的祷告奉献，非常虔敬。这个风习在清代宫廷里贯穿始终。满人民间家祭所供三神位，亦有关羽，可知崇祀之深。

佛教与关羽

关羽驻守荆州十余年间，治军爱民，极力保卫荆州一方安宁，当地人们深受关羽的恩惠，当然也对关羽心存感激。当关羽不幸遇害，壮烈惨死在吕蒙之手后，荆州当地的民众都感到万分悲痛，对他十分怀念，因此在荆州一带经常传出有关关羽在人间显灵的传奇故事。这些故事大

忠义神勇 关羽

都认为关羽死有余烈，因此英魂不散；除编造故事怀念关羽外，他们也十分自然地建立各式关公庙来祭祀他。这种神化关羽的行为，很快地被佛门学了过去并被加以利用。

陈废帝在位的光大年间（567—568年），有位从浙江天台云游到当阳城玉泉山的禅师，法名叫智𫖮。他是陈隋两朝之际有名的得道高僧，也是天台佛宗的创始人。智𫖮来到玉泉山后，见那里山峰奇伟，山色如蓝，还有紫色云彩若隐若现地环绕在山顶上，便寻思在玉泉山建立寺宇。但令他感到奇怪的是，在山下有沮洳旋绕，卜来卜去都没有一个地方合适建庙。禅师也不着急，在一棵古树下席地而息。到了晚上，只见有一位长着长髯，穿着金甲的神人走到禅师跟前，对他说："吾乃汉寿亭侯关云长，现在是玉泉山的主人，我见禅师对此山极为钟爱，愿意割舍这座山作为禅师挂锡之处。但请禅师在此安禅七日，便能见到效果。"到了第七天的晚上，只见玉泉山上风雷交加，千沟万壑不断震动，前面辟开了巨大的山岭，下面埋没了深潭，不久，一块平地就出现在了智𫖮禅师的面前。

智𫖮在朝廷及民间都有极大的名气，加上隋朝的帝王十分崇尚佛教，因此他跟朝廷中诸多上层人士有很深的私交。当时尚未掌握大权的晋王杨广（也就是隋炀帝）就对智𫖮执弟子之礼。因为和杨广有这种特殊的师生关系，智𫖮对杨广说，他云游到玉泉山上，遇到关羽显圣，愿意让他在山上建庙，恳请杨广协助他在玉泉山建立道场。杨广听了智𫖮的话，便把这件事情上奏给朝廷，崇尚佛教的隋文帝听完此事，也以为奇特，便敕建玉泉寺。为表示对师长智𫖮的尊敬，晋王杨广还亲自写了

"智者道场"四个字作为玉泉寺的匾额。寺庙建成后，规模宏大。栋宇在工匠的打造下，巧夺天工，光彩焕然，号称为"天下四绝"之一。

隋开皇在位的十三年到十四年间（593—594年），智颢大师便一直在玉泉寺做主持，为弟子讲授《摩诃上观》和《法华经玄义》两部佛典。这个时期内，他曾率领全寺僧人举行盛大的仪式，授"普萨戒"为关羽的亡灵超度。关羽此后便正式进了佛门，成为佛家弟子，并做了伽蓝（寺庙）的护法神。从那以后，各个寺庙都争先恐后地把关羽封为本寺的护法神。在杭州的灵隐寺，关羽的神像就被加塑在十八位伽蓝神的旁边；位于山西交城的中天宁寺，在大雄宝殿的旁边特意另外建了观音殿和关帝庙，让关羽和观音两者平起平坐。

在智颢大师的推广和弘扬下，关羽的形象深入民心。但是在唐朝之前，关羽这个神灵更多是活跃在荆州一带。因为这里曾经是关羽带兵打仗，管理政治的地方，所以当地人都觉得关羽生时是英贤，死后也是神明，关心人民疾苦，关心国家兴衰，关羽不仅是佛门的守护神，也是王朝的守护神。因此，当地人在关羽死后就建了一个"显圣祠"，每逢节日时都会祭拜关羽，所以关羽的祠庙，香火不断。因楚人本来喜欢祠祭，既然有一名英勇的猛将逝世于此，那没有理由不把他请进来"护法"了。

但利用佛教把关羽的影响力扩大的功臣，则为禅宗北派的创立者神秀。神秀在武则天久视元年（700年）从黄梅去到当阳，在玉泉山东部的楞伽峰南麻建造一座度门寺，而关羽也就成为了这座禅寺的护法伽蓝神。神秀一共在玉泉寺传道了二十多年，直到晚年才被武则天召请到长安城内。武则天自称为"叨承佛记"，所以才成为了女皇帝，所以她对佛教十分敬重推崇。武则天认为佛教应该高于其他的宗教，僧尼应排在道士、女冠前面。所以武则天就下诏，大修道场，还亲自制作了《听华严诗》的并序，她还在各地寻找高僧到京城中来，给他们封官许爵。如华严宗的法藏法师，他就被许为"康藏国师"、神秀被许为"两京法主、三帝国师"，而北宗也被批准为佛门正宗，让北宗来推重关羽这个形象，号召力与影响力都很强劲。

因为佛教在唐代广为流传，也因为神秀本身的影响力，关羽这个形象越来越深入民心，在各个领域都有着耀眼的光环。百姓对关羽的推崇早已不限于"武勇"了，而且不再只是自愿信仰，还带着一种强制性。后来，老百姓觉得与关羽的神灵越走越远了，这样也是宗教深化的必然结果。但从另一个角度上讲，关羽形象的这种结果，如果没有宗教强大的推动力，也无法让关羽变成这样一个宗教的神灵。

道教与关羽

道教是我国土生土长的宗教，形成于东汉时期。道教的基础是我国古代的各个鬼神，通过神仙存在论、神仙可求论来引导人们利用法术修炼去追求登仙享乐与长生不老，也利用各种祭祀仪式去保平安、免灾难；再通过阴阳五行家、道家、谶讳等带有神秘色彩的学说去充实宗教的理论基础。后来，道教慢慢被统治阶级利用，与皇权结合到一起，在政治上、社会上都有比较高的地位，不少皇帝都十分推崇道教，甚至他们还会利用道教来为自己的皇权做维护。比如宋代的宋真宗、宋徽宗就是推崇道教的代表。

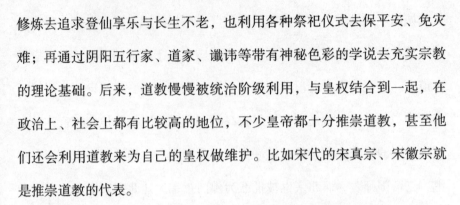

宋朝宋徽宗年间，解州的解池，盐无法按时出产，而且产量也不丰盛。宋徽宗便询问张继先为什么。张继先回答："因为蚩尤神在兴风作浪。"宋徽宗便问他有没有谁可以战胜它。张继先答道："关羽吧，我派他去解决了。"没过一会儿，解州刮起了大风，雷雨把树木都刮倒了。又过了一会儿，大风大雨都停了。盐池恢复了平静，盐又顺利出产了。宋徽宗召见了张继先，并要他好好犒劳关羽，还问他能不能见关羽一面。张继先便让关羽显灵，巨大的身躯呈现在宋徽宗眼前。宋徽宗感到十分害怕，便拿起一个崇宁钱掷给关羽，然后说道："现在我相信了，明天就赐你'崇宁真君'的称号。"这个故事显然是编造出来的，但当时的百姓深信不疑。元代的胡琦还写过一本《关王事迹》，他不仅用自己的方式论证了关羽战蚩尤的事情，还专门写成文——《解池斩妖考辨》，还把其中的细节丰富化、生动化。从这里可以看出，道教花了不少心思去抬高关羽，为的就是提高道教的影响力。

道教的神很多，宋徽宗赵佶只是封关羽为"崇宁真君"，这个封号在神仙界排名是非常靠后的。

到了明朝，万历皇帝朱翊钧非常喜欢关羽，封他为"协天大帝"，后来又加封为"三界伏魔大帝神威远震天尊关圣帝君",还给了关羽的夫人和儿子封号。正是因为他对关羽一次又一次的追封和加官晋爵,才使得关羽在道教中的地位提高了很多。"伏魔大帝"和"协天大帝",已经是道教神系中的最高级别了。

民间崇拜

古人觉得各路神仙操控着与人类有关的一切,所以拜神这件事在人们的生活中不可或缺。民间纷纷建庙宇、摆神像、焚香、唱戏、摆贡品,参与其中,非常热闹。很多历史人物都被赋予了神的本领,与之相关的传说不断被创造出来。

关羽这位古人,在历史长河里沉寂了几百年后,慢慢地被人们想起并看重。佛教抛砖引玉,道教发扬光大,护法、降魔、斩妖、显灵,关羽从历史走来,身着伏魔的盔甲,披着袈裟。除此之外,普通民众更加敬仰他,他被视为战神、驱邪神、守护神、武财神等,不管是天府凡间,地狱水府,但凡能管和需要管的事,常常有关羽大神出现。

战神:关羽被当作"战神"受崇奉,合情合理。当年关羽追随刘备,南征北战,"称万人之敌",一人守荆州,杀颜良,降于禁,斩庞德，斗曹仁，威名远扬。因此，他百年之后，人们以"战神"之名来祭奉他，当然是顺理成章了。

"战神"关羽被老百姓顶礼膜拜。明代缪天成在《关王庙纪》里写着：自宋朝追封关羽为"武安王"之后，数百年间，各地建的庙宇有几千座，受人敬重。关羽生前就骁勇善战、足智多谋，死后一定不输当年。辽宁锦州是通往京师的要塞。关庙建在这里，成为当地的保护墙是大势所趋，只有关羽的忠勇才能给大小武臣做榜样，也只有关羽的神灵才能震慑住远近的属国。全国各处修建庙宇供奉关羽，关羽自然保护世人。明人李钟璜在《嘉定捍倭庙记》中有这样一个故事：在嘉靖癸未（1523年），倭寇入侵嘉定。那时嘉定没有护城墙，只能靠土墙防护。倭寇用火烧了东门外的一百多个粮仓和民房，浓烟大火阻碍了士兵的视听，敌人想借机强攻。县令万思谦于是叩拜关羽像请求救命，刚说完风向就变了。敌人一个士兵跳过了城壕，百姓不会用弓箭，惊慌失措。见此情形，一个小官一边拉弓一边喊："关帝让这支箭射中敌人将领的咽喉吧，这样才能保全十万人的性命！"果真应验。敌寇受惊而退。于是乎，嘉定人对关羽的信仰更加虔诚。

在明朝像这样的故事很多。《解梁关帝志》引明《通纪》，在嘉靖四十一年（1562年），倭寇入侵福建仙游县南门，情势危急。城里有关羽庙，关羽于是显灵将城门锁起，敌人无法打开。倭寇撤退后，关羽骑马返回庙里，为士兵所见。待他们进入庙中，看见关羽神像汗流满面。《解梁关帝志》中也记载着，在嘉靖三十二年（1553年）河南有个叫师南诏的土匪，占领了归德府城，号召了几万人，打算进攻睢州。睢州的总指挥官汤易素，智勇双全，得到讯息后，率兵前去迎战。他先去关帝庙求保佑，夜里关羽在梦中显灵，说要借他的弓箭助其退敌。次日清晨，汤易素把弓箭送到了关帝庙。敌人途经阳驿铺，只见关羽出现在云中，骑着赤兔马，弓箭在握，手指东南方。敌人跪在地上叩拜，取消向西的计划，往东南方进攻柘城，刚好碰到两个省一起去剿匪的官兵。这时，突然狂风暴雨来袭，乌云里面仿佛藏着来帮忙的兵马，官兵士气大作，把敌人打得落花流水。两百多年过去了，如今庙里仍挂着弓箭。据说有人趁天黑想把箭偷走，可是直到第二天清晨还被困在庙里。

清朝民间也有很多这样的故事。清朝褚人获著有《坚瓠集》，里面写着：清政府在南京修了十座祭祀功臣的庙，竣工之前，努尔哈赤梦见有个手拿大刀，红脸绿衣的人，跪着说："臣是关羽，陛下修庙，把臣的给落下了。"努尔哈赤说："不给你建庙是觉得你没为朝廷做什么。"关羽说："陛下鄱阳之役，臣率十万阴兵相助，这就是功劳。"皇上赞同。次日清晨，就让工部在十座庙旁边多修一座，三天内修好，这表明了关羽的"战神角色"。另一个传说说的是乾隆初年，一侍卫高升为荆州将军，不喜反悲。他对道贺的人哭着说："关羽都守不住此地，如今命老夫前去，就是想让我死。"人们听了都偷笑。尽管是笑话而已，却体现了关羽的"战神"地位很高。

驱邪神：古人觉得任何东西都有灵性，世上除了神还有妖魔鬼怪。《国语·鲁语》中写到，那时的人把木石之怪称为夔魍魉，称水怪为尤圈象，土怪叫为罔羊。王充在《论衡》一书中说："物之老者，其精为人，也有未老的，会变化，也可变成人形。"在晋人干宝的《搜神记》

中，也描写了狐狸、蛇、猪、树、鹿等均可成精。鬼怪妖魔是肉体凡胎所无法应对的，而关羽在世时骁勇善战、正气凛然，理所当然地被推举来驱邪。尤其宋、明之后，道教尊其为"道君""伏魔大帝"，因此降魔驱邪就成了他的职责。之前提到的《关公战蚩尤》非常有代表性，堪称关公驱魔第一例。

　　清代的袁枚在他的《子不语》中写了几个关羽的故事。其中《挂周仓刀上》就和驱魔有关。绍兴城的钱二经过修炼后可以令元神出窍。他的足迹踏遍十州三岛，见过各种妖魔，或凶恶、或妖媚，可钱二应对自如，一晃十年。某日，妖精们共同商议："一个月后，到了甲子那天，钱二就大功告成，咱们得早些行动。"于是在甲子夜，妖精们乘其不备，把钱二抓走塞到了一个大瓮里，埋到云门山下。是夜，钱二的家人没找到人，当他已死。过了半年，家人在花园里趁着皎皎月光看到了他在大树上，高喊救命。他从梯子下来后，对家人说："妖魔把我抓走，多亏我修炼的功夫才勉强活下来。有一天，伏魔大帝关羽伴着一道红云从西南来，我向他喊冤，关羽说：'妖魔确实作恶多端，然而你违背天地阴阳自生自灭，痴想长命百岁，此乃逆天，这是你的不对。'关羽命周仓把我送回家，周仓点头应允。周仓身高丈许，手中的刀也有这么长，他用红绳子把我绑在刀上，放到树上就走了，我也没想到原来是我们家的果树。"在这之后钱二总是和别人一起出门，不敢再修炼了。

　　除了帮汉族驱邪，关羽还去西藏伏魔。清朝人徐珂的《清稗类钞》中写着：《蛮三旺》是最久远的西藏神话，讲的是中古时期，妖怪肆虐，荼毒生灵。刘备、关羽、张飞大战妖魔，几十年无法分出高低，因此形成了鼎力的局面。《蛮三旺》之名由此而来。有个叫杜的妖怪最凶猛，三头六臂，会变身，一口就能吃掉几百户的村庄。杜睡觉时，有条蛇会从他的鼻孔里钻出来，一旦有危险，蛇爬回来，杜立刻就醒了。因此无人能压制住杜的嚣张。刘备、关羽、张飞三个人里，独独关羽有变身的本事。每次和杜打仗，刘备、张飞负责守卫营地，通常抵不过杜，甚至还被他把关羽的夫人抓了去，费了好大劲儿才救回来。后来杜愈加狂妄，关羽变作一根木头，杜的家人错把他当成柴火抬回家中，在杜不知情时，关羽又变成炭火借机靠近。蛇在杜睡着时爬出来了，被关羽逮个正着，于是蛇和杜全都一命呜呼，从此人们不再为杜所困扰。当地百姓感恩戴德，一直供奉关羽。由此可见，关羽并非显显灵而已，他有降妖除魔的智慧，民间故事更加形象贴切。无论中原还是关塞，尊崇关羽的百姓，越来越多。

守护神：在人们眼中，关羽还是守护神、万能神，诸事都会找他帮忙。相传关羽乃龙转世，龙有布雨施风的本领，因此百姓觉得可向关帝求雨。每逢旱灾，人们就会集到龙王庙、关庙前，手持斋饭素菜，烧香叩拜，还抬着关羽的神牌游行，大家都光着脚，把柳条编的帽子戴在头上，好像下雨了似的。元人蔡罕就曾在关羽的老家解州带领人们祭拜关羽向他求雨，还写了《解庙旱祷文》：

惟王忠丈智勇，卓冠当代，百世之下，英威如在。禀熊虎三姿，剪凶顽之害。生则名震华夷，殁则圣爽不昧。率土亿兆（天下百姓），惟神攸赖（保护）。兹当仲夏之交，昭虐荐臻，二麦阻秀（未结穗），田野如焚；民物憔悴，遑遑不宁。憔神密替化机，回旋生意，沛沾甘霖，以涤气氛。以苏民命，以兴我稼。事仰邀神，休其惠无弃。

　　《解梁关帝志》中有记载：隆庆年间，广平府接连降雨十多天，积水漫延到城东门，城里的男女老少号啕大哭。没多久就看到关羽出现在城上空的云雾中，城门楼被他一脚踢到，结结实实地把城门给堵住了，于是民众和城池都得以拯救。关羽不但把百姓从水灾中救出，还救民于战争中。《关帝志》记录着：天启年间（1621年），上官奢寅当时驻守在永宁，他奉命让手下樊龙、张彤率领三万人马去重庆，想要造反。同年九月，樊龙将镇守重庆的巡抚徐可永杀了，城里的人措手不及，尽被困在城中。谋反的人想把城内的百姓杀光，未能达成一致，于是在关羽庙里暗暗相约，向上扔三次剑，假如剑出鞘就杀人，不出则免死。因此樊龙亲手扔剑，向上抛出一丈多，刀鞘分离，落地时却是合拢的，于是全城百姓活了下来。

　　除此之外，在百姓心中，关羽还是帮助人们驱灾的不二人选。在《关帝圣迹图志》中《山海关辟瘟》有写，明神宗万历初年（1572年），郎员外主管山海关政务。一天夜里他梦到来自天上的关羽，对他说明天晌午，有一个面色不一样的人将推着七辆载有牛头的车子来这里，务必不要让这个人进入。天亮后这个官员照关羽说的去下了命令。日近中午，真的如关羽所说来了这么个人，他被拒之门外，于是此人说这里不要，那么我就送给西边的人去好了。言毕，此人便消失在烟尘中。当年西边之国因牛瘟死了一多半的人，而河北、京都附近，则免遭

忠义神勇 关羽

瘟疫。据说在清朝康熙年间，关羽在江南凭借"三字符谶"辟除瘟疫。康熙五年（1666年）四月，有个船夫在长江上渡客过江，他对关羽顶礼膜拜，一天夜里，关羽托梦给他说：明晚有五个人要渡江，你一定不要渡他们过去。假如他们坚持要南渡，待他们下船时，你就把我在你手心里写的三个字给他们看。次日晚上，真的有五个人要过江，船到达南岸时，船夫伸手照向那五人，结果五个人一下子就不见了。他们的箱子和包裹还在船上，船夫打开一看，里边都是南方的册籍，这才知道原来他们是瘟神，要去南方传播瘟疫的。关羽写在他手心里三个神秘的字，无人能识。后来，船夫把此事传播开来，百姓就把这三个字照样子描好贴在门上，于是这一年免受了瘟疫之灾。看到这几个字如此管用，因此之后有人把它们镂刻成版，印成符谶广为流传。由此可见，当时没有什么医疗设施，疾病却多发，那么求"伏魔大帝"庇护，这样的故事就显得越发神乎其神了。

武财神：财神是百姓所信仰的众多神中的一位。据说他叫赵光明，秦朝时，他在陕西终南山修炼成仙，道教将其尊奉为"正一玄坛元帅"，他面色漆黑、胡须浓厚，常常头戴铁冠、手拿铁鞭、一匹黑虎坐骑，因此也被称作"黑虎玄坛"。他法力无边，为人正义，能实现人们富贵的愿望，因此被道教尊为财神，享受百姓的供奉。

不知自何时起，关羽变成财神，还慢慢代替了赵公明，人们尊其为"武财神"，在家中供奉。清朝的顾禄在《清嘉录》载明，明清时期的苏州，来自各地的人聚集于此，商业比其他地方都更加繁荣。别的省份的商人都在城西修建关公庙，用来当作谈生意的场所，修建得很华美，

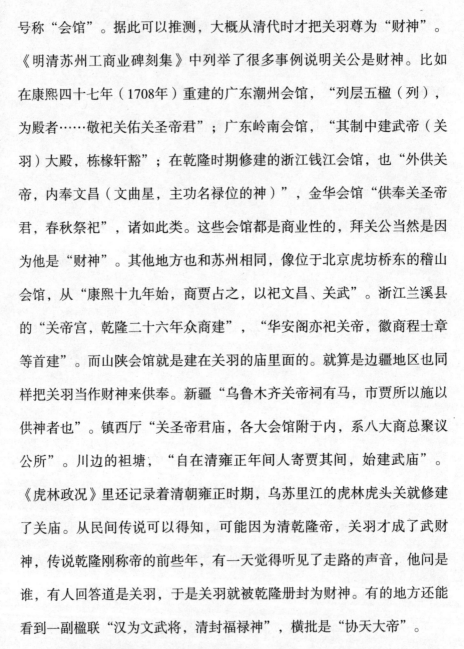

号称"会馆"。据此可以推测，大概从清代时才把关羽尊为"财神"。
《明清苏州工商业碑刻集》中列举了很多事例说明关公是财神。比如
在康熙四十七年（1708年）重建的广东潮州会馆，"列层五楹（列），
为殿者……敬祀关佑关圣帝君"；广东岭南会馆，"其制中建武帝（关
羽）大殿，栋椽轩豁"；在乾隆时期修建的浙江钱江会馆，也"外供关
帝，内奉文昌（文曲星，主功名禄位的神）"，金华会馆"供奉关圣帝
君，春秋祭祀"，诸如此类。这些会馆都是商业性的，拜关公当然是因
为他是"财神"。其他地方也和苏州相同，像位于北京虎坊桥东的稽山
会馆，从"康熙十九年始，商贾占之，以祀文昌、关武"。浙江兰溪县
的"关帝宫，乾隆二十六年众商建"，"华安阁亦祀关帝，徽商程士章
等首建"。而山陕会馆就是建在关羽的庙里面的。就算是边疆地区也同
样把关羽当作财神来供奉。新疆"乌鲁木齐关帝祠有马，市贾所以施以
供神者也"。镇西厅"关圣帝君庙，各大会馆附于内，系八大商总聚议
公所"。川边的祖塘，"自在清雍正年间人寄贾其间，始建武庙"。
《虎林政况》里还记录着清朝雍正时期，乌苏里江的虎林虎头关就修建
了关庙。从民间传说可以得知，可能因为清乾隆帝，关羽才成了武财
神，传说乾隆刚称帝的前些年，有一天觉得听见了走路的声音，他问是
谁，有人回答道是关羽，于是关羽就被乾隆册封为财神。有的地方还能
看到一副楹联"汉为文武将，清封福禄神"，横批是"协天大帝"。

　　原本关羽和赐予人财富的财神是不沾边的，从历史上讲，甚至可以
说关羽本人鄙视金钱，曹操曾用金钱收买他，他都不为之所动。为何这
样一个人，被封为武财神，深得商人崇敬呢？有很多的理由。有人觉得

忠义神勇

关羽

缘于关羽的祖籍。

　　关羽是山西解良人，声名远扬。何况从明清之后，各地的商人大多是从山西走出来的，他们出钱修建了很多的关帝庙。别的商人紧随其后，于是影响到整个国家。在广东还有不少外籍华人，干脆把关羽视为财神爷，焚香祭拜。

　　最关键的原因是，因为关羽讲"信义"，深受尊崇，所以商人奉其为武财神。清道光年间，在上海修建的《兴修泉漳会馆碑》记载："吾邑（指福建的龙溪、同安、海澄三县）人聚首一堂，而情本扮榆，爱如手足。更仰赖关圣尊神灵佑，俾使家家通达义理，心一而力同也。"关羽、张飞、刘备义结金兰，在商人心中树立了榜样形象。尽管商人追逐利益，但是他们只有讲信义才能赚到更多的钱。尤其在当时，大部分商人来自异乡，想在本地立足，不仅要靠老乡的扶持，而且要凭借诚信取得当地人的信任，因此，关羽作为武财神，被赋予了道德内涵，一方面他能招财进宝，另一方面代表了集团精神。对内忠诚，对外信义，同时要奋发向上努力经营事业。关羽就是这一代表性人物的不二人选。

　　由于佛教、道教还有民间的共同作用，关羽化身为神，接受人们的尊敬和供奉，身价倍增，大放光彩。

第七章　走上神坛

祭祀活动

　　自从有了人类就有祭祀，当祖先们还在使用石器工具时就开始了
祭祀，之后再不断地发展为各种更为复杂的仪式。从本质上分析，人们
是想通过祭祀来和那些无形中控制着人类的神灵们进行沟通，目的是驱
恶迎善。对神灵的各种祭祀仪式正是人们对神灵信仰的体现。"国家大
事，唯祀与戎"，祭祀既是一种宗教仪式，也象征着一种权力，也显示
了神灵的规格。由于祭祀、宗教和社会等各种功能的交叉作用，便有了
不同级别的祭祀。一方面，上层社会规范了祭祀，另一方面，平民阶层
在不触犯统治阶层的前提下，也建立起具有民间色彩的祭祀活动，所以
古代中国的祭祀行为形成礼与俗两大派，并几千年来得以承传。但随着
历史不断地发展和进步，礼与俗慢慢融合在一起，成为中国人一项重要
的传统。而正是这个传统抚慰了人们的心灵，也维系了上层与下层社会
的统治和团结。

　　虽然皇天后土和祖宗是朝廷非常重要的祭祀对象，但是其他一些神
的祭祀也是颇受重视的。关羽就是这其中的一个重要又特殊的代表，他

的祭祀也比普通的神灵祭祀复杂。说他重要，是因为他从一个民间神祇慢慢晋升为至尊之神，而他的特殊之处是指他的祭祀活动兼具了官方和民间的特色，而且从规格上或者从范围上来说，都超越了其他的神祇。

关羽去世后没多久，民间就开始祭祀他了，在当阳玉泉周围，也就是关羽战死"还我头来"的地方，百姓自发建起了"显圣祠"。而官方的正式祭祀则从明朝嘉靖年开始的。《解梁关帝志》里记载道，"嘉靖年间，定京师祀典，每岁五月十三日，遇关帝生辰，用牛一、羊一、猪一、果品五、帛一、遣太常官行礼。四孟（孟春、孟夏、孟秋、孟冬）及岁暮，遣官祭，国有大事则告，凡祭，先期题请遣官行礼"。到了清代，官方的祀典已经发展为一种惯例。规格上也不限于天地祖先，还包括"中祀"，《清朝文献通考》里面说到，"关圣大帝庙、府、厅、州、县以春秋仲月（春二月，秋八月）致祭，又五月十三日特祭。祭时并祭三代。其解州祖庙及祖墓亦同日祭"。我国的春秋二季祭神历史悠久，一开始是祭后土，世间万物有春生秋实，祭祀也不例外，它是春祈秋报。这种官方的祭祀后来慢慢推广到其他神灵。就好像《黑山县志》里面说到的，"惟至圣先师孔子与关、岳（飞）系属国事祀之神，每岁春秋上丁、上戊（第一个丁日和戊日），皆由地方文武官致祭，与民间私祭无关"。除了在春秋两个季节祭祀关羽之外，每年的五月十三日也是祭祀关羽的最特殊也是最重要的日子，这就是神诞祭。它始于嘉靖年间，之后就成了一个惯例。关羽祭祀，不仅明确规定了祭祀的规格，还有专门的钦颁祝文。拿解州关庙来说，明代时它正殿的祝文是："惟帝忠义贯日，英烈盖世，志复汉基，百代崇祀。惟兹解州，实帝故里，今当仲春秋，谨以牲制粢，式陈明事"清朝雍正朝的正殿的祝文则是："惟帝纯心取义，亮节成仁，允文允武，乃圣乃神。功高当世，德被生民。两仪正气，历代明礼。英灵丕著，封号聿新。敬修岁事，显佑千春。"而乾隆帝颁发的正殿祝文却是："惟帝浩气凌霄，丹心贯日。扶正统而彰信义，威震九州，完大节以笃忠贞，名高三国。神明如在，遍祠宇于寰区，灵应丕昭，荐馨香于历代。历征异迹，显佑群生，恭值嘉辰，遵行祀典。筵陈笾豆（祭器），凡奠牲醪。"不仅正殿有祭文外，崇圣殿也不例外。

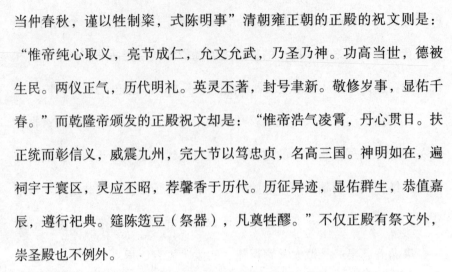

五月十三日是民间祭祀活动的最高潮。这天除了是神诞日，也是"单刀日"或者"磨刀日"，所以五月十三的前后几天都有人祭神。虽然不是官方的，但规模却不亚于官方甚至比官方还要大。湖南《永州府志》里面写道："外神惟祭关忠义最盛，乡村市镇皆立庙。五月十三日多设乐舞，具羊豕，用三牲，则户祀家祠矣。"这只是大致的描述，如果要详细了解可以看《续修建水县志》，里面是这样介绍的："五月十三日，祀关帝。自通邑大都至穷乡僻壤，莫不奔走恐后，禳祀惟虔。是日雨，则三农相庆，以为丰年，谓帝泽之所遗也。夷人复烹羊炮羔，吹笙鸣鼓，虽惟鲁无文，而诚意可掬，有土喜贲桴之遗焉。前正月十三，后九月十三亦然。"这一天的祭祀活动不仅包括敬神，还包括招神出游和演戏等。这个可以从清朝的《宁夏府志》找到，其写道，"五月十三日，竞演剧，字巳关圣。先日（前日），备仪仗迎神，前列灶火，周游城中。"《万州志》中也记载着：五月十有一，军民迎关夫子出游。十三日，集庙中，具醴酒，备牲仗，祭毕会饮，谓之"饮福"。

忠义神勇 关羽

演戏则更多了。浙江遂昌民间为了给关羽祝寿会在五月十三日前后几天连续上演五个晚上的戏，四川温江则把这天当作单刀赴会的日子，民间都用演戏的方式来庆贺。一些地方把这一天当"关公磨刀雨"，大部分的酬神也是通过演戏。湖北《咸宁县志》记载：五月十三日关帝庙为"单刀会"，演剧祀神，城乡皆然。是日雨，为"磨刀雨"。可见，这一活动在全国各地非常普遍。

当然，也不是都在这天祭祀。河南的获嘉县就选在二月二日这天祭拜关羽和城隍，而灵宝县则选择四月初八作为祭祀关羽的日子。四月十八日则是辽宁新民县和吉林西安县的祭祀时间。还有的是六月份，据《汉口丛谈》记载："旧时每岁六月有'关王会'，里中各演剧迎赛最盛，近则时作时辍矣。"还引诗为证："争将故事演新妆，枷锁高跷亦太狂，赤日烧空人泛蚁，年年六月赛关王。"东北、云南选在二十四日祭关羽的也有。另外，到了十月十日这天便去关庙或者三义庙祭祀，因为传说刘关张桃园三结义正是这天。

明清时期，除了庙祭还流行家祭。比如四川的《彭山县志》就记载道："凡居室必为龛于堂，曰'福'龛，即古人寝庙之意。龛之主，有但书某氏堂上云云者；有上画释迦，老子、文昌、关帝等像，……其为礼，朝夕焚香。元旦、端（午），秋节及每月朔望，或家有事，则行一跪三叩礼遍。"在贵州一带，则有人将关羽、孔子、观音、老子、财神等牌位供在堂上。在满族的官僚贵族家中也是有供关羽的。福建的东山岛，几乎每家每户都有祭拜关羽，因为在他们被清朝当作"弃民"时，是关羽显灵，他们才能入籍，之后便自认为关羽的子孙，每家都张贴着关羽的画像，烧香祭拜，直至今日，到东山旅游的游客还能看到这一古老的习俗。浙江沿海地区例如舟山岛及其附近岛屿大多以捕鱼为生，所以渔民都会在渔船后舱腾出一个空间把关羽当作"船关菩萨"供养着，这个小小的空间就叫作"圣堂舱"。

祭祀体现了宗教的本质。人们都怀着各种各样的目的祭祀关羽。朝廷的目的是维系统治，打着"护国降敌佑民"的旗号。而民间更多的则是因为其实用性，因为祭祀除了法定的或者约定俗成的日子，其他任何时间在任何地点都能祭拜。由于大家都称关羽为"伏魔大帝"或者"关圣帝君"，所以人们都认为他的神力肯定是无限大，也无所不在。古代，几乎每个乡都有沪郊关帝庙。关帝庙内的活动大致有三种：一种是求仙方，如果家里有人生病了，就到关帝庙祭拜，求得仙方，祈祷病人早日摆脱病魔；二是问事，遇到不吉利的事情，都可以来祈求逢凶化吉；三是问名，如果家里的小孩出生后诸事不顺，或者算命的说这个小孩一生中有哪些劫数，家长都会来到关帝庙中，将小孩"过继"给关帝老爷，也就是认他做干爹，希望得到他的庇护。烧香后，会得到一个过房名字，多数是"关生""关根"等，这些也就成了该小孩的小名。每年的五月十三是关帝老爷的生日，百姓们都要去关帝庙祭拜，祈求下雨，因为根据民间传说，这一天的雨水是关帝用来磨刀的水，如果可以得到这水，这一年就不会有瘟疫。所以这天如果下雨了，家家户户都会争先恐后地拿出器皿去接雨水。

正是在这样的信仰背景下，关羽崇拜得到了蓬勃发展。由于对宗教的虔诚才有了关羽信仰，并用祭祀的方式深入人心，就这样，对关羽的崇拜慢慢达到峰顶。

忠义神勇 关羽

关庙与关公信仰

在中国，最早时候的庙是祭祖用的。郑玄为《礼记·祭法》作注时说："庙之言貌也，宗庙者，先祖之尊貌也。"逝者已去，人们已无法看见其精神，便只能用其生前的住所或者画像来祭祀。在道教还没兴起，佛教又还没传到中国之前，中国只有用来祭祀祖先的宗庙。宗庙的建筑要求非常严格，而且也详细规定了祭祀活动的各个环节，那时候祭祀的目的是为了表达"报本返始之心，尊祖敬宗之意"，使得活着的人感受到死去的人的精神。后来，道教开始兴起，佛教也开始传到中国。道观庙宇、佛教寺院也迅速相继建成。唐人杜牧的"南朝四百八十寺，多少楼台烟雨中"，可谓是当时的真实写照。而在这些无数的大小不一，形态各异的庙宇中，关庙可以说是首屈一指。可能没人能统计出其数量，香火之盛，无人能及，就连孔子也要让位于他。

关庙的蓬勃发展，其实是关羽崇拜的直接产物，它见证了关羽由人变为神的过程。关庙是信仰关羽的人们活动的中心和舞台，如果把一座庙宇看作一个圆的中心点，宗教在其中以巨大的引力将四周的群众吸引过来，这样一座座的庙宇相连接，便形成一个庞大的崇拜网络。

已经无法知道关庙是什么时候开始建造的，如果刘备兴建"显烈祠"一事属实，那便是全国首座关庙。还有传言诸葛亮三擒孟获时，就已经建了一座关庙，目的要让其神威和忠义精神来震慑并感化"蛮族"。如果这个是真的，那就比陈代的当阳玉泉关庙早了上百年呢。其实关庙哪一年开始兴建的并不重要，重要的是"义勇武安王祠遍天下。"对关羽的崇拜越兴盛，所建的庙宇就越多，二者成正比的关系。

虽然到处都有关庙，但数量和规模比较大的还是在关羽的家乡及其生前活动过的地方，比如解州祖庙、当阳关陵、洛阳关林三大主庙。就范围而言，不仅如此，在内蒙古、新疆、西藏和东北甚至台湾，港澳等地，也有关庙。

明末清初，内蒙一带就已经有关羽庙了。后来随着内地汉民迁移到内蒙，关庙就越来越多了。仅归化城南的和林格尔厅就有五座关庙。接着乌兰巴托、恰克图、扎萨克图汗等地都相继建立起关庙。相传在清代，除了喇嘛，蒙古人最信仰的就是关羽了。

元明时期，辽东地区就已建有关庙，而人烟稀少的地方要到康熙年间才有关庙。齐齐哈尔，黑龙江城（爱珲黑河镇），从屯兵开始就已兴建关庙了。

原本信奉喇嘛教的藏族，在清政府统一西藏后，才开始有关庙。藏族人民也是这时候开始才慢慢接受崇祀关羽。

康熙末年，新疆的巴里坤城最早建立了。乾隆时，清政府统一了新疆，许多城镇也开始立庙设祀，伊犁关庙就是这个时期建立的。"东西六千余里，所过镇堡城戍人员众多者，多仅百家，少则十家，六七家不等，然必有庙，庙必祀神武（关羽）。庙两壁必绘二神，一署日平，神武子也，一署周仓。"这些大大小小的关庙，都是信仰关羽的中原的遗戍、屯丁、垦户兴建的。

　　宝岛台湾，虽然在海隅，却丝毫不影响他们崇拜信仰关羽的热情。有人曾统计过，仅仅在台湾，就有多达460座关羽庙。台南武庙是明代兴建的，排在台湾16处"一级古迹"之列。除此之外，有名的关帝庙还有台北行天宫、高雄文衡殿、台中圣寿宫等。

　　随着人们越来越崇拜关羽，周边国家也开始出现关公信仰和关羽文化。1592年，明王朝派兵援朝抗倭，"见朝鲜遍祠（关）帝，诵述满其园中"，李朝政府还帮助游击陈璘建了一座关庙，地点在汉城的崇礼门外。接着越南、琉球等国也开始有了关庙。琉球的关庙选在中山国王都所在的地方，清朝册封使每次到琉球，都要到庙里祭祀。越南的关庙不但多，有的还非常壮观。南方边和镇的关庙"在大铺洲南三街之东，面瞰福江，殿宇宏丽，塑像高丈余"。河内关公庙供奉的所有神灵中，关帝是在最正中最前面的位置。西方学者史谷特在《锦绣东方——旅缅生活记录》中记载："从云南至八莫（缅甸城市）的这条国际通道上，有从中国而来的庞大的驮运商队（马帮）数千骡马，数百劳工和商人，从中国运来大量丝绸。在八莫有座供中国商人休息和文化活动的关帝庙，还有许多仓库，堆满运来的丝绸和待运回去的棉花。"一些东南亚国家如菲律宾、马来西亚以及澳、英、美等西方国家，也建有一定数量的关羽庙。有人曾这么说，关羽已"成为全世界147个国家与地区有严密组织共同拜礼的神，在整个汉文化圈内外产生着巨大的影响，这种文化现象的新向面是有着极其深刻的内涵与外延因素和力量的"。

很难描述千百年来无数的关庙历史，在这里介绍几个具有代表性的吧。

常平家庙。常平，是关羽的故乡。在黄河以东，中条雄峙，拥有浑厚的文化底蕴，一代名将关羽就在这里诞生。

隋朝初年，乡亲们为了追思他的贤明，追慕他的仁勇大德，就在常平兴建祠堂供奉他，金代正式建庙。后来关羽不断得到加封，庙宇也就不断增加，登记在册的就多达16处。如今保存下来的殿堂大多是清代的建筑，有13000多平方米，而且风格古朴、布局谨严。

庙的整体设计是"前朝后宫"的宫廷式，共有三座牌坊立于庙前，中间是石雕牌坊，上面刻着："关王故里"。左右的牌坊则是木的，分别刻着"秀毓中条"和"灵钟鹾海"各四个大字。中轴线上就是庙的主体建筑条。包括了山门、圣祖殿、娘娘殿、午门、享殿和关帝殿，钟鼓楼和厢房则在两侧。关帝殿共有五间厢房，屋檐为九脊顶。殿内的木雕神龛精工细作、富丽堂皇，头戴冕旒、身着帝装的关羽，神情庄重地端坐在龙椅上。后面则是娘娘殿，供奉着关夫人，她头戴凤冠，身披霞帔，神情端庄，侍者躬身站立在身旁。这两个神像为清代时塑造，是关庙的珍品。而圣祖殿则是供奉关羽的始祖、曾祖、祖父、父亲和三祖夫人的神像。山门内有一座八角的砖筑塔，七层高，塔下有口井，传说关羽双亲在关羽"亡命"之后就投进这口井自杀。人们便于金大定十七年（1177年）在这个井上建了这个塔来纪念他们。

许昌春秋楼。许昌是魏国的首都，关羽曾经既是这里的囚徒，也是贵宾。当曹操要求他和两位皇嫂在一个府里一起休息时，关羽就把这里分为两个院，自己住在外院，午夜秉烛诵读《春秋》，后来听说刘备的事情，就封金挂印赶过去，曹操还一直追到灞陵桥送战袍给他钱行。关羽正是从那时开始，过关斩将，立下汗马功劳，也是从三国时期开始，开始流传着关羽的故事，后人为他的忠义而感动，兴建庙宇供奉他。《许昌县志》记载，传说于1314年开始兴建，风格为宫殿式的建筑群，整座楼高15米，惟妙惟肖、形象生动的关羽夜观《春秋》彩塑坐像安放于暖阁。许昌的石梁桥上是灞陵桥。远远望去，桥的东边是许昌城，桥的西边则是灞陵关庙，这是清朝初年，义士王宏道捐出三十亩地，由多方集资建成的。在庙的正前方是仪门，两边则是钟鼓楼。拜殿和忠义殿在仪门的后方。忠义殿摆放着一组灞陵赠送战袍时的塑像，正中是骑着马跨着刀，回头向左看的关羽，甘糜夫人和军士则在右边，左边是曹操毕恭毕敬献酒赠袍的情景。春秋阁设在后院正中的位置，关羽午夜秉烛读《春秋》的神像供奉其中。

虎头关财神庙。这个关庙位于中国的最北边。在中俄边境上流淌的是乌苏里江，俄罗斯的伊曼市位于这条江的东边，江的西边便是中国黑龙江省虎林县的虎头镇。在距离江岸五十米处的树丛中是一座小型的关庙。清雍正年间，很多内地人在长白山和乌苏里江地区采集山参，江口便成为他们会合的地方。长时间下来，收获丰富，所以大家便集资在虎头山悬崖上兴建了关帝财神庙。该庙占地160多平方米，建筑面积却只有80多平方米，但却一点也不马虎。前厅摆放着多种兵器。正殿有三座塑像，中间是关羽，两边是周仓、关平。殿内的彩屏上画有千里寻兄，古城会和单刀赴会等很多关于关公的故事。庙虽小巧，但因为地理位置特殊，远离世俗，所以被称赞为"东方第一庙"。

东山关王庙。南海上有一渔岛，名为东山。明洪武二十年（1387年），朝廷命令江夏侯周德兴到岛上建一个铜山水寨防御倭寇，在城东兴建关庙，用来慰抚官兵的思乡之情，又用关羽的忠义来激励官兵们。关王庙也叫作关圣庙或者武庙。庙身建筑兼具闽南和明清的风格。正殿装修得富丽堂皇，殿梁和门廊上雕刻着精致灵巧的海洋生灵，非常具有海岛的韵味。正殿中央安放着两尊关公，正中的神龛里面，关羽和周仓被放在一起供奉，这点和其他的关帝庙不同。据当地的人说，南宋末代皇帝赵昺在崖山战败，丞相陆秀夫走投无路之下背着他跳下海，帝王的灵魂附在东山庙周仓身上，所以他能和关圣大帝处于同等的位置。

东山岛上的渔民是中国大陆最崇拜关羽的，也是最虔诚的人。主要是因为东山岛明末时是郑成功抗清复明的首要基地，所以清政府一直以来都不让他们入籍，他们便成为化外之民。据说关羽知道后，便托梦让岛上居民做他的裔孙。于是渔民们取名"关永茂"作为岛主，朝廷终于在1717年接纳了他们，还免去他们的租税。岛上的居民非常感激关羽托梦给他们，所以从入籍那天开始，家家户户都悬挂关羽的画像作为祖先供奉着。

日喀则关庙。喜马拉雅雪峰，位于西藏高原，山麓的日喀则等地方的关羽文化相当浓厚。1721年，清朝军队进驻西藏，打击了准噶尔的骚扰，将清兵留在西藏，于是那里也有了关羽信仰。驻藏清兵们私下筹钱在日喀则兴建关庙。50年后，乾隆皇帝又派大将军福康安带领军队到西藏平定廓尔喀之乱。战争的过程中，有很多保佑清军的灵异现象，将士们都觉得是关羽显灵，于是于1792年对日喀则关庙进行重修，还在巴玛热山、江孜、定日等地兴建关帝庙。这些关庙建筑风格是一样的，都分为三重殿。大殿用来供奉关羽塑像，大殿两侧是配殿。关庙刚建成时，来朝拜抽签的大部分是清兵，后来他们都在高原扎根，成家立业，繁衍后代，于是到关庙朝拜的藏民也相应增多了，之后原本写着汉文的"关帝签"也改为藏文的，管理者也改为喇嘛。关羽被很多藏民当成他们的民族英雄格萨尔，还把两人的神像放在同一个殿上供奉，将关庙起名为"格萨拉康"。日喀则关庙是这几个寺庙中规模最大的，也是被最完整保留下来。定日关庙则是世界上地势最高的关庙，可惜现在只剩下遗址了。

香港文武庙，地点在维多利亚峰北麓的荷李活道。1850年冬天，文武庙重建，供奉武帝关羽以及文帝文昌帝君，来这里朝拜的香客多是香港金融工商界人士。庙的两边是清道光三十年（1850年）的石刻联，上面写着："翰墨淋漓光华文德冲霄汉，声灵赫濯凛列英风镇海河。"大门内面安放着一个大型的木雕屏风，屏首的金匾上刻着光绪皇帝亲笔书写的四个字"神威普佑"。屏风两侧是钟鼓，还配置了一对銮舆。大殿庭院里面摆放着四鼎巨大的香炉，悬有数量庞大的塔香，两侧则是十八般兵器。正殿位于庭院台阶之上，并设四进香案，四座文武大臣塑像位于两侧，还竖着一把青龙偃月刀。神龛内，供奉着文帝和武帝两位君王。

台湾为台中圣寿宫。它位于台中市北屯区的飞鹰山，殿堂非常宏伟

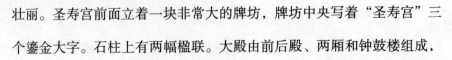

壮丽。圣寿宫前面立着一块非常大的牌坊，牌坊中央写着"圣寿宫"三个鎏金大字。石柱上有两幅楹联。大殿由前后殿、两厢和钟鼓楼组成，"关圣帝君"设在正殿的迎圣阁中供奉，左边侍应分别是关平太子、张仙大帝，周仓将军和齐天大圣则在右边。关平的父亲是大帝，所以他理所当然的是太子。奇怪的是齐天大圣孙悟空居然跟天国的大帝有关系，还为宝岛上的关圣护法。关羽的铜像是纯铜的，大概有两吨重。飞鹰山"鹰头"的两旁分别是两条叫作"天圣明道"的登山步道。左边是虎道，一共有一百七十二级，旁边供奉着关羽骑马手持青龙偃月刀的雕像；右边叫作龙道，一共三百六十五级，供奉着孔夫子的圣像。

康熙二十三年（1684年）开始兴建圣寿宫，当时还不叫这个名字，而叫"锡寿堂"，后来在几次战乱中被毁坏了，现在这座是1988年重修的。

庙宇是宗教文化的产物，在关羽从人升华到神的过程中发挥了不可忽视的作用。它开始在关羽的信仰中，之后又反过来促进了关羽崇拜的发展。祠祀是信仰最好的依托和寄托。人们在缕缕香烟之中，向神灵坦白自己，阐述他们的内心，希望能得到其庇护。同时，神的人格也鞭策着人们。清朝的刘廷玑的《在园杂志》就讲过大学士张鹏翮用关羽警醒自己的故事。张鹏翮非常崇拜关羽，他将关羽供奉在其办公的衙门内，让关羽时刻监督自己。有时跟同僚商量公事，如果发现他们有一丁点的私心，他就提醒他们关羽在这里，什么都看得到的，怎么可以徇私舞弊？如果有人干谒求进，他就会说，关将军的刀非常锋利，难道你不害怕吗？如此用关羽的人格来约束自己的，不止张鹏翮一位。东山岛上的渔民也是如此，他们无论白天黑夜都敢于与大海搏斗，并且团结一致，同甘共苦，因为他们崇拜关羽的肝胆相照、奋不顾身的忠义精神。

虽然关羽信仰富含浓厚的宗教色泽，但根本上，是因为人们崇拜关羽的人格。对于包含宗教性的祠祀来说，人们还是希望关羽的神灵能为他们争取正义、扬善惩恶，除暴安良，升官发财，这与单纯的宗教迷信还是不一样的文化心理。

第七章　走上神坛

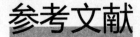

参考文献

［1］ 孙鹤.书圣王羲之［M］.湖北：湖北人民出版社，1998.

［2］ 郭廉夫.王羲之评传［M］.南京：南京大学出版社，2011.

［3］ 刘长春.王羲之传［M］.北京：中国友谊出版公司，2010.

［4］ 宋蒙.大家精要：王羲之［M］.云南：云南教育出版社，2011.

［5］ 田余庆.东晋门阀政治［M］.北京：北京大学出版社，2012.

［6］ 郭廉夫.王羲之评传［M］.南京：南京大学出版社，2011.

［7］ 吕思勉.两晋南北朝史［M］.北京：中国友谊出版公司，2009.

［8］ 陈寅恪.魏晋南北朝史讲演录［M］.万绳楠，整理.贵州：贵州
人民出版社，2007.

［9］ 沈起炜.细说两晋南北朝［M］.上海：上海人民出版社，2002.

后 记

　　本系列图书详细介绍了中国历史上的圣贤人物，展现了他们的丰功伟绩和伟大人格，从侧面烘托出光辉灿烂的中华文明。本系列图书的作者和编辑为此付出了辛勤的劳动和汗水。此书的出版，还得到了中国财富出版社领导的大力支持，在此，谨向社领导和编辑同志表示由衷的感谢！

　　在本书的编写过程中，我们参考了大量的相关文献资料，引用了许多专家学者的著作和观点，我们已经征求了部分作者的同意并支付了稿酬，但也因为各种原因，有些参考图书的作者无法联系上。如书中观点、内容雷同于贵君所著书籍，烦请您及时与我处联系获得稿酬。

　　联系方式：724176693@qq.com

后
记